Jouets d'entraînement manuels pour l'atelier du garçon

Harris W.Moore

Writat

Cette édition parue en 2024

ISBN : 9789359949130

Publié par
Writat
email : info@writat.com

INTRODUCTION.

Le sage apprend de l'expérience des autres. C'est la raison de cette introduction : expliquer au garçon qui veut fabriquer les jouets décrits dans ce livre quelques-unes des « ficelles du métier ». On suppose cependant qu'il a reçu une certaine instruction dans l'utilisation des outils.

Ce livre est écrit après une longue expérience dans l'enseignement aux garçons, et en raison de cette expérience, l'auteur désire donner deux conseils à ses jeunes lecteurs : Premièrement, étudiez attentivement le dessin, chaque ligne a une signification ; Deuxièmement, les instructions imprimées deviennent plus claires lorsque l'on prend réellement l'outil en main et que l'on commence à effectuer le travail décrit.

BANC.

S'il achète l'étau-vis, un garçon ambitieux peut fabriquer un banc qui répondra à ses besoins, à condition également de pouvoir le fixer au sol ou au mur. Il devrait être rigide. Un débutant trouvera une planche de bois dur, 10"×2"×1/4", fixée à l'extrémité avant du banc, un arrêt plus pratique que le banc-chien ordinaire. S'il a un banc bien fini, il devrait apprendre à travailler sans blesser l'établi. Une *planche à découper* doit toujours être à portée de main pour ciseler et marteler et pour sauver le dessus de l'établi de toute mauvaise utilisation. Le *crochet d'établi* doit avoir un côté pour scier et un pour raboter , le premier avoir un bloc plus court que la largeur de la planche, de sorte que les dents de la scie, lorsqu'elles traversent le travail, heurtent le crochet de l'établi plutôt que le dessus de l'établi.

OUTILS DE MARQUAGE.

Pour mesurer avec précision, tenez la *règle* par son bord afin que les divisions sur l'échelle se rapprochent de l'objet mesuré. Laissez la pointe du crayon ou du couteau tracer un trait sur la chose mesurée qui prolongerait exactement la ligne de division sur la règle. Si cela peut être évité, n'utilisez jamais l'extrémité de la règle ; apprenez à mesurer à partir d'un chiffre sur la règle.

L'éperon de la *jauge* doit être limé comme la pointe d'un couteau. Il se situe rarement à zéro de l'échelle, c'est pourquoi, lors du réglage de la jauge pour un travail précis, mesurez du bloc à l'éperon avec une règle. La jauge est un outil assez difficile à utiliser pour un garçon, mais il sera payant de la maîtriser. Il peut être utilisé partout où des bords carrés doivent être réalisés, mais les chanfreins et les biseaux doivent être marqués avec un crayon.

Lors des travaux de tracé, la poutre (la partie épaisse) de l' *équerre* doit toujours être maintenue soit sur le front de taille, soit sur le bord de travail. (Voir page 13 , Instructions pour le rabotage .) Laissez la lame reposer à plat sur n'importe quelle surface. Tenez le trysquare bien contre le travail avec les doigts et le pouce agissant un peu comme une griffe d'oiseau.

Pour un travail précis (par exemple, des joints), des lignes doivent être tracées (marquées) avec la pointe tranchante d'une petite lame *de couteau* , tenue presque directement vers le haut depuis le bord de la lame trysquare .

Les cercles sont repérés par deux lignes qui se croisent au centre.

SCIES.

Les dents d'une *scie à refendre* sont comme autant de petits ciseaux alignés ; ils coupent le bois. Les dents d'une *scie à tronçonner* sont comme des pointes de couteau, elles marquent deux lignes et le bois se brise entre elles. Les gros sciages doivent être effectués sur un chevalet afin que l'ouvrier soit au-dessus de son travail. S'il est nécessaire de maintenir l'ouvrage dans l'étau pour le déchirer, tenez-le incliné, de manière à ce que le manche de la scie conduise le fil, comme il le fait naturellement lorsque l'ouvrage est sur un chevalet.

La *scie à dos* , bien qu'il s'agisse d'une scie à tronçonner, peut être utilisée dans n'importe quelle direction du fil.

Toute scie doit être en mouvement lorsqu'elle touche le bois à couper. Pour la guider au bon endroit, un ouvrier laisse son pouce toucher la scie juste au-dessus des dents, la main reposant fermement sur le bois. Une petite encoche, pratiquée sur le bord jusqu'à la ligne où la scie doit couper, aidera un débutant à démarrer avec précision. Les scies sont des outils rapides, et il vaut la peine d'aller assez lentement avec elles pour effectuer un travail précis. Planifiez le travail de manière à faire le moins de coupes possible.

les scies tournantes pour que la coupe soit effectuée en tirant, en gardant les deux mains proches l'une de l'autre. Lorsqu'une poignée est tournée, l'autre doit être tournée de la même manière.

AVIONS.

Généralement pressés de travailler, les garçons ont tendance à prendre de gros copeaux avec un avion. Cela entraîne un travail difficile. Les copeaux fins sont meilleurs. Si l'avion repose à niveau sur l'ouvrage, il trouvera les hauteurs sans ajustement continu. Les deux premiers pouces d'un trait sont les plus difficiles à raboter ; pour les raboter, appuyez plus fort sur l'extrémité avant de l'avion. Démarrez le niveau de l'avion. Il est généralement préférable de garder l'avion droit, ou presque, dans la direction de la poussée.

Le *rabot-bloc* est utilisé à bon escient pour raboter l'extrémité du bois. (Voir page 12 sur le travail de maintien.) Sur d'autres petites surfaces, cependant, c'est souvent plus pratique qu'un grand rabot.

MORCEAUX.

Les mèches à tarière sont numérotées selon le nombre de seizièmes du diamètre du trou qu'elles percent, par exemple le n° 4 perce un trou de 4/16". *Les mèches à vrille* sont numérotées par trente secondes.

Chaque fois que vous percez avec une tarière, arrêtez-vous dès que l'éperon pique de l'autre côté, retournez l'ouvrage, démarrez l'éperon dans le petit trou qu'il a fait et terminez le perçage. Il fendrera toujours le bois si le foret peut passer à travers. Il est difficile de percer un trou directement dans un morceau de bois, car pour savoir si le foret est tenu droit au début du trou, il faut le regarder dans deux directions. Si quelqu'un d'autre peut se tenir à un quart de cercle du travailleur et surveiller le mors, c'est la meilleure aide ; sinon, l'ouvrier lui-même doit maintenir l'orthèse stable pendant qu'il parcourt un quart de cercle et juge si le mors est droit. Il faut veiller à maintenir le niveau de travail dans l'étau.

CLOUS.

Les mots « clou », « brad » et « clouage » sont utilisés de manière quelque peu interchangeable dans ce livre ; « clouer » peut signifier conduire une attache parisienne. Les attaches parisiennes ont des têtes plus petites et plus épaisses, les clous ont des têtes plus grandes et plates.

Pour enfoncer un clou droit, démarrez-le droit. Le trou ne peut pas être redressé en pliant le clou pour qu'il paraisse droit après avoir été partiellement enfoncé. De nombreux coups doux avec le *marteau* enfoncent souvent un clou là où des coups violents échoueraient. Les doigts qui pincent l'ongle empêchent souvent sa flexion. Si possible, éloignez les clous des coins des planches. Plusieurs clous joignant deux planches les maintiennent plus solides si les clous sont enfoncés sous des angles différents. Les clous sont généralement « posés », c'est-à-dire que les têtes sont enfoncées avec un *clou* placé sous la surface. Ils doivent toujours être placés sous les surfaces à raboter. Il est souvent sage de ne pas enfoncer le premier ou les deux premiers clous jusqu'à ce que le travail soit examiné. Pour retirer les clous, un bloc sous le marteau sera souvent d'une grande aide et protégera également la surface de l'ouvrage.

DES VIS.

Les vis ont généralement besoin de trous correctement percés pour les recevoir ; un grand trou d'abord, de la taille de la vis au dessus des filetages, un petit trou ensuite, de la taille aux racines des filetages (dans le bois dur un peu plus grand), et un emplacement pour la tête réalisé avec une *fraise* . Habituellement , la vis doit glisser facilement à travers le premier morceau de bois et être serrée dans le second. Le *tournevis* doit toujours être tenu dans le sens où va la vis et il doit s'adapter parfaitement à la fente de la tête. Dans le bois dur, il faut faire attention à ne pas dévisser les vis, notamment les vis en laiton, qui se cassent facilement.

COLLE.

Un débutant se demande souvent pourquoi les choses collent à ses doigts plutôt qu'à leur place ; c'est qu'il a un peu de colle sur les doigts et généralement beaucoup sur l'article ; par conséquent, n'utilisez pas trop de colle. Il est préférable, notamment dans les trous et leurs piquets, de mettre de la colle sur les deux surfaces de contact. Une bonne colle retiendra deux surfaces, établissant un bon contact, plus résistante que le bois. Essuyez l'excédent de colle dès que possible, en utilisant de l'eau chaude pour la colle chaude. Beaucoup de travail est ainsi économisé. Laissez à la colle suffisamment de temps pour sécher. L'humidité doit se frayer un chemin à travers le bois lui-même, et cela prend des heures ; six à dix heures, ce n'est pas trop long.

PAPIER DE VERRE.

Le papier de verre varie en grossièreté du n° 00 au n° 3, chaque feuille étant estampée. Il ne doit pas être utilisé sur une pièce donnée tant que tous les travaux avec les outils de bord ne sont pas terminés. Les particules de sable laissées à la surface émousseraient rapidement un outil de bord. Lorsque vous utilisez du papier de verre sur des surfaces planes, enroulez-le étroitement autour d'un bloc de bois rectangulaire. Essayez de garder tous les coins aussi tranchants que ceux laissés par les outils de bord afin qu'il y ait une apparence nette qui marque toujours un bon travail. Souvent, il faut apporter le même soin au maintien du travail lors du ponçage qu'au moment du façonnage. Poncez toujours dans le sens du grain ou dans le sens de la longueur.

CHEVILLES.

Les bâtons rabotés presque à la bonne taille peuvent être rendus ronds et lisses en les enfonçant dans un trou dans un bloc de bois dur ou de fer ; ces bâtons sont appelés chevilles. Deux trous peuvent être utilisés si le second est seulement un peu plus petit que le premier. Conduisez doucement avec un *maillet* plutôt qu'avec un marteau. Dans de nombreux modèles de ce livre, de telles chevilles sont utilisées. Les chevilles (fabriquées selon un procédé différent, cependant) peuvent souvent être achetées dans les quincailleries.

EXERCICES.

Pour faciliter la réalisation de petits trous, une *perceuse à main* est indispensable. Pour certains trous, un clou sans tête répondra. Pour réaliser de meilleurs exercices, cassez une aiguille, une aiguille à tricoter, une nervure de parapluie ou tout autre morceau de fil dur à la longueur appropriée ; sur une meule, aplatissez-la près de la pointe sur deux côtés ; puis, en le mettant dans le mandrin de la perceuse à main, essayez de le maintenir sur la meule selon l'angle approprié pour former les deux tranchants ; ou il peut être maintenu contre le bord du banc et aiguisé avec une pierre à huile posée sur le dessus du banc. De longues mèches très pratiques peuvent ainsi être fabriquées à partir d'aiguilles à tricoter.

AFFÛTAGE.

Travailler avec des outils ennuyeux n'est absolument pas satisfaisant. Un garçon devrait apprendre à affûter ses propres outils. Pour meuler un bon biseau sur un outil comme un ciseau, il doit reposer sur quelque chose de stable. La réflexion de la lumière sur la surface nouvellement rectifiée indiquera si la surface est plane ou non. Ce processus de meulage produit ce qu'on appelle un fil de fer, et l'outil doit être affûté sur une pierre à huile pour enlever ce fil de fer. Le côté plat *doit rester à plat* sur la pierre ; le biseau peut être légèrement relevé. Lorsque vous aiguisez le biseau, essayez d'éviter un mouvement de balancement, car cela arrondirait le bord. Une fois le fil métallique complètement retiré, un tranchant encore plus aigu peut être obtenu en attachant l'outil sur un morceau de cuir, un peu comme on affine un rasoir. Un morceau de cuir collé sur un support en bois et saupoudré de temps en temps de la meilleure poudre d'émeri aidera beaucoup à garder les outils tranchants en bon état.

TENIR LE TRAVAIL.

La façon dont le travail est tenu dans l'étau fait souvent la différence entre le succès et l'échec. Les petites surfaces sont facilement rabotées si elles sont maintenues presque au ras des mâchoires de l'étau de manière à ce que le haut du banc serve à guider le rabot ; par exemple, le centre de roue , page 20 , ou la manivelle, planche 33 , sont facilement rabotés de cette manière. Parfois, des articles, comme des bobines, peuvent être tenus par l'extrémité en toute sécurité alors qu'ils risquent d'être écrasés s'ils sont pressés latéralement.

Une bonne façon de tenir les palettes de la roue à sable, planche 21 , fig. 4 , pour scier les lignes AB est de placer les palettes à peu près à mi-hauteur de l'extrémité de l'étau afin que la scie à dos puisse être tenue près du l'extrémité des mâchoires de l'étau.

Le *crochet d'établi* est le meilleur appareil pour retenir une grande quantité de petits travaux de sciage et pour raboter les côtés, les coins et les extrémités.

Une fois le rabotage terminé, pour éviter de fendre le coin le plus éloigné, une autre pièce d'égale épaisseur peut être placée derrière la première. La meilleure méthode, cependant, est de ne jamais raboter au-dessus du coin le plus éloigné, mais de tourner l'ouvrage et de raboter toujours vers le centre ; en d'autres termes, planez à mi-chemin de chaque bord. Lorsqu'un coin peut être coupé pour former un contrefort, il n'y a pratiquement aucun risque de fendre ce coin. Pour raboter des planches fines , voir page 19 .

INSTRUCTIONS POUR LE RABOTAGE .

1. Rabotez une large surface. Testez-le *en travers* , *dans le sens de la longueur* et *dans les coins* . Cette surface est appelée *face de travail* et doit être marquée d'un trait de crayon près du bord à raboter ensuite. Sur une planche courte, le test dans le sens du coin peut être effectué avec une règle ; sur une longue planche, des bâtons d'enroulement sont nécessaires. Ce sont des bâtons droits aux bords parallèles. Près des extrémités de la planche, placez-les sur la tranche sur toute la planche. Avec l'œil à une certaine distance, la vue d'un bâton à l'autre, si une extrémité du bâton le plus éloigné semble surélevée, ce coin de la planche doit être raboté davantage.

2. Rabotez un bord. Testez-le *en travers* avec l' équerre sur la face de travail et *en longueur* avec une règle. C'est ce qu'on appelle le *bord de travail* . Marquez-le avec deux lignes de crayon, tracées près de la ligne sur la face de travail.

Ces deux surfaces sont d'une grande importance. À partir d'eux, toutes les mesures sont effectuées et tous les tests appliqués. L' équerre et la jauge doivent toujours être conservées sur l'une de ces deux surfaces.

3. Équerrez les extrémités. Avec le trysquare , testez-les à la fois depuis la face de travail et le bord de travail.

4. Mesurez la largeur à partir du bord de travail. Avion jusqu'à la ligne. Avec le trysquare sur la face de travail, testez cette arête.

5. Mesurez l'épaisseur à partir de la face de travail. Avion jusqu'à la ligne.

Parfois, bien sûr, l'ordre ci-dessus doit être modifié. Il est bon de réfléchir au meilleur ordre de travail.

PROBLÈMES

PLAQUES ET DIRECTIONS DE TRAVAIL

DART— PLANCHE 1 .

Une fléchette comme la première illustrée sur la planche 1 se plantera dans une cible en bois tendre. Deux garçons ou plus, chacun avec trois fléchettes, pourraient participer à un concours pour obtenir le score le plus élevé. Numérotez trois anneaux d'une cible 5, 10 et 15, et l'œil de bœuf 25.

La fléchette se compose de deux parties, un bâton rond et un gouvernail en papier. Pour réaliser le bâton rond de 7" de long 1/4" de diamètre, il conviendra de commencer avec un bâton d'environ 9" de long afin de pouvoir le tenir facilement tout en le rabotant rond. Rabotez d'abord le bâton *carré* , 1/ 4", et droit. Pour raboter un si petit bâton droit, il doit être posé sur le dessus du banc. Lors de la planification , testez-le fréquemment en le regardant de bout en bout. Lorsqu'il est à la bonne taille, saisissez une extrémité avec la main gauche, posez-le sur le banc avec l'index touchant le banc et, avec un petit rabot, rabotez les coins de manière à former un véritable bâton octogonal (à huit côtés). . Réalisez-le ensuite à seize faces en prenant des copeaux très fins, puis poncez-le bien. Sciez la longueur supplémentaire, laissant la meilleure partie du bâton de 7" de long.

Reliez une extrémité avec du fil fin (écran). Pour bien le lier, faites un coin carré à 1" d'une extrémité du fil et posez ce 1" dans le sens de la longueur du bâton. Tenez-le fermement avec le pouce gauche tout en enroulant doucement la partie longue du fil autour du bâton et du fil. Torsadez les deux extrémités ensemble et coupez ce qui n'est pas nécessaire. Aplatissez doucement l'extrémité du fil qui reste.

À cette extrémité du bâton, percez un trou pour une attache parisienne de 1". Limez entièrement la tête et enfoncez l'attache parisienne vers l'arrière, en laissant 3/16" dehors ; puis limez la pointe très nettement. Fendez soigneusement l'autre extrémité du bâton de 1". Pour ce faire, placez-le debout dans l'étau, placez un couteau sur l'extrémité et tapez sur le couteau avec un marteau. Dans cette fente, insérez le gouvernail en papier plié comme indiqué sur la planche. 1. Le gouvernail doit être coupé selon la forme et la taille indiquées sur le dessin d'exécution, puis plié.

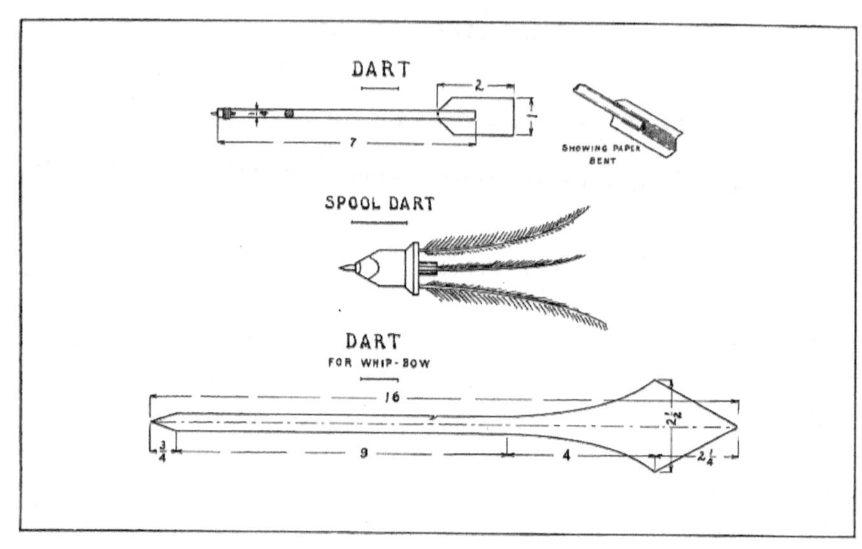

FLECHETTE, FLECHETTE À BOBINE ET FLECHETTE POUR ARC FOUET — Planche 1

FLECHETTE À BOBINE— PLAQUE 1.

Une fléchette plus facile à lancer peut être fabriquée à partir d'une bobine, comme le montre la planche 1 . Trois plumes courbées de la même manière donneront à la fléchette un mouvement tourbillonnant lorsqu'elle sera lancée.

Fabriquez un bâton d'environ 7" de long pour qu'il s'insère fermement dans le trou d'une bobine d'environ 1" de diamètre à son extrémité. (Voir Chevilles , page 11 , et Colle , page 10.) Un bâton comme celui-ci peut être enfoncé assez loin dans un trou en le vissant, mais s'il est enfoncé avec un marteau, la bobine se brisera facilement. Une fois le bâton collé dans la bobine, maintenez la bobine verticalement sur les mâchoires de l'étau et pressez le bâton qui s'étend en dessous ; puis avec la scie à dos, faites quatre coupes obliques pour affûter la bobine. Limez un clou carré de 2-1/4", d'une longueur de 1" ; enfoncez-le vers l'arrière dans un trou approprié percé à cet effet au centre de la bobine ; et bien l'affûter avec une lime. À un demi-pouce de l'autre extrémité de la bobine, sciez le bâton et percez trois trous dans l'extrémité de la bobine, dans lesquels collez trois plumes d'environ 4" de long.

DART POUR FOUET-BOW— <u>PLAQUE 1</u>.

Cette fléchette est mieux faite d'un bardeau. À défaut de cela, rabotez une planche de 1/2" d'épaisseur [1] à une extrémité à 1/8". Tracez la ligne médiane dans le sens de la longueur et tracez la forme de la fléchette avec la partie large à l'extrémité fine. Sciez transversalement à partir de chaque bord du bardeau jusqu'à l'endroit où commence la courbe, puis dans le sens de la longueur jusqu'à ce point. En tenant l'extrémité fine dans l'étau, réduisez les courbes avec un couteau, un couteau à rayons ou un couteau à dessin. Faites le point à chaque extrémité avec un avion. Pour raboter des lignes inclinées comme celles-ci, il est très important de placer le travail dans l'étau avec une inclinaison telle que la ligne soit parallèle au haut de l'établi et assez proche des mâchoires de l'étau. Trouvez le point où la fléchette s'équilibre en la testant sur le doigt, et faites la petite encoche pour la ficelle, en utilisant d'abord une scie à dos, puis un couteau.

Un arc fouet se compose d'une corde de 20" de long attachée au bout d'un bâton de 20" de long. Un nœud est fait à l'extrémité libre du fil. Pour lancer la fléchette, attrapez la ficelle dans l'encoche, tenez l'extrémité large de la fléchette dans la main gauche et le bâton dans la droite, lancez la main droite vers l'avant et laissez la fléchette s'envoler de la ficelle.

[1] Pour maintenir une planche tout en la rabotant très finement, fixez-la à une autre planche plate à l'aide de quatre piquets en bois.

Pour plusieurs des modèles de ce livre, une planche plate d'environ 9" × 4" × 7/8" avec un taquet cloué à une extrémité et s'étendant à 1/8" au-dessus de sa surface supérieure sera la plus pratique pour maintenir des planches minces tout en rabotage . Si le taquet est un peu plus large que la hauteur du bloc sur le crochet d'établi, le crochet d'établi sert bien à le maintenir.

BUZZER— <u>PLANCHE 2</u> .

Le buzzer se compose d'une roue et de deux poignées reliées par une ficelle. Pour faire la roue, dessinez un cercle de 3" sur un morceau de bois de 3/16" d'épaisseur. Tracez une ligne passant par le centre dans le sens du grain et une autre perpendiculairement à celui-ci, divisant ainsi le cercle en quarts, <u>Fig. 1</u> . Notez maintenant que pour éviter de diviser le cercle, les quatre quartiers doivent être coupés chacun dans une direction différente. Posez le modèle à plat sur le crochet du banc et sciez les coins du carré. Maintenant, en le tenant dans l'étau avec un quart vers le haut, avec le couteau à rayons, coupez les coins dans le sens de la flèche dans ce quart jusqu'à atteindre le cercle. Faites attention à ne supprimer aucune partie de la ligne. On observera que le parage peut se faire en toute sécurité sur le fil de bout au-delà de la pointe de la flèche dans ce quartier, mais cela n'est pas du tout possible sur le fil du côté où commence la flèche. Le rayon doit être tenu assez légèrement pour lui permettre de suivre la courbe. En observant attentivement le sens des flèches, procédez de la même manière avec les autres quartiers. Les derniers chips devraient être très fins. Percez deux petits trous pour la ficelle à 1/4" de chaque côté du centre. Poncez bien le modèle. (Voir <u>Papier de verre</u> , <u>page 11</u> .)

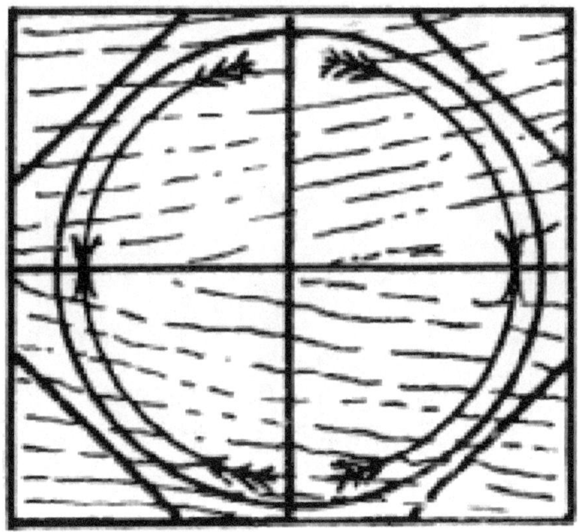

Fig. 1

Les deux poignées peuvent être mieux rabotées si elles sont tenues dans le crochet du banc et si le rabot est tourné avec son côté sur le dessus du banc. Une fois les coins ainsi rabotés , les extrémités peuvent être rabotées sans risque de fente. Percez les trous pour la ficelle. Les bords et les extrémités des poignées seront plus beaux sans être poncés.

Enfilez le modèle en passant une extrémité d'une corde de 3 pieds dans un trou dans une poignée, puis dans la roue, puis dans l'autre poignée, puis à nouveau dans les autres trous, en l'attachant à l'autre extrémité de la corde. Pour le faire fonctionner, prenez une poignée dans chaque main, faites pivoter la roue encore et encore et écartez doucement les poignées pendant un instant. Un peu de pratique peut être nécessaire pour que tout se passe bien. Pour le faire bourdonner plus fort, percez deux trous de 5/16" sur les parties opposées de la roue à 1/2" de la jante. (Voir Mèches , page 9 .) Pour éviter de fendre, percez *vers l'arrière* jusqu'à ce que la mèche marque un cercle profond dans le bois.

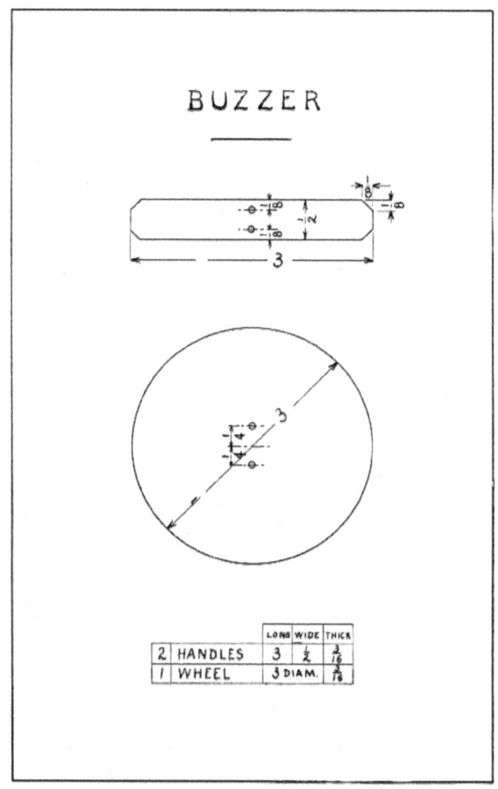

BUZZER — PLANCHE 2

DESSUS VOLANT— .

Comme tout ce qui vole, ce haut doit être aussi léger que possible. Le bar, le cotonnier ou le pin tendre sont de bons bois à utiliser. Une fois que le bois du dessus a été raboté aux dimensions voulues , un trou de 3/16" doit être percé directement au centre. (Voir Embouts , page 9.) Faites le dessin sur le dessus et coupez-le pour tracer une ligne. Un soin considérable doit être apporté tailler pour ne pas tailler les deux coins qui doivent être conservés ; cela est particulièrement vrai si le fil n'est pas droit. Voir page 16 pour des suggestions sur la fabrication du manche. Collez le manche dans le haut. Pour le faire voler, tenez-le entre les deux mains et poussez rapidement celle de droite (voir planche 3).

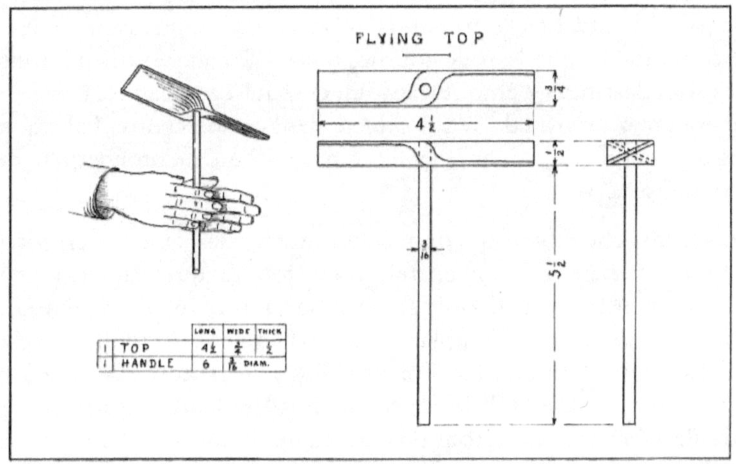

DESSUS VOLANT — PLANCHE 3

DESSUS VOLANT— Planche 4 .

Cette forme de toupie nécessite un travail précis pour réaliser un bon joint. (Voir Instructions pour le rabotage , page 13.) Après avoir raboté les deux aubes sur mesure, le joint doit être disposé avec des lignes de couteau et de jauge et découpé avec une scie à dos et un ciseau. Deux faits importants doivent être appris : la *longueur* d'une encoche est égale à la *largeur* de l'autre pièce ; les lignes marquant la profondeur des encoches doivent être mesurées à partir du front de taille de chaque pièce. Une fois le joint posé, maintenez l'ouvrage dans le crochet d'établi tout en sciant la profondeur de l'encoche, et assurez-vous de scier *dans l'encoche* et non en dehors de la ligne. Avec un ciseau tenu côté plat vers le bas, parez entre les coupes de scie de chaque côté du bois vers le milieu. Une fois le joint posé, tracez les courbes sur chaque bras de roue en gardant à l'esprit que c'est toujours le coin avant du bras droit, au fur et à mesure que la roue tourne, qui est à tailler. Lorsque toutes ces courbes sont dessinées, démontez le joint et réduisez les lignes. Collez ensuite le joint et percez un trou de 3/16" directement en son centre. Fabriquez l'axe en bois dur. (Voir page 16 et Chevilles , page 11.) Une brochette peut peut-être être utilisée.

Une fois le manche raboté aux dimensions, tracez des lignes au crayon à 1/4" de chaque bord pour les chanfreins. La courbe du chanfrein peut être dessinée à main levée. Elle doit se terminer à 1-1/16" d'une extrémité du manche. Un bon chanfrein est plat transversalement. Si le fil du bois est droit, les chanfreins peuvent être facilement taillés ; s'il est tordu, veillez à ce qu'il ne se fende pas au-dessus de la ligne. Une fois les chanfreins faits, coupez-en un autre de 1/8" de large autour de l'extrémité du manche. Une fois les deux blocs rabotés , percez un trou de 1/4" à 3/8" d'une extrémité. Collez-les et clouez-les à 1" la poignée.

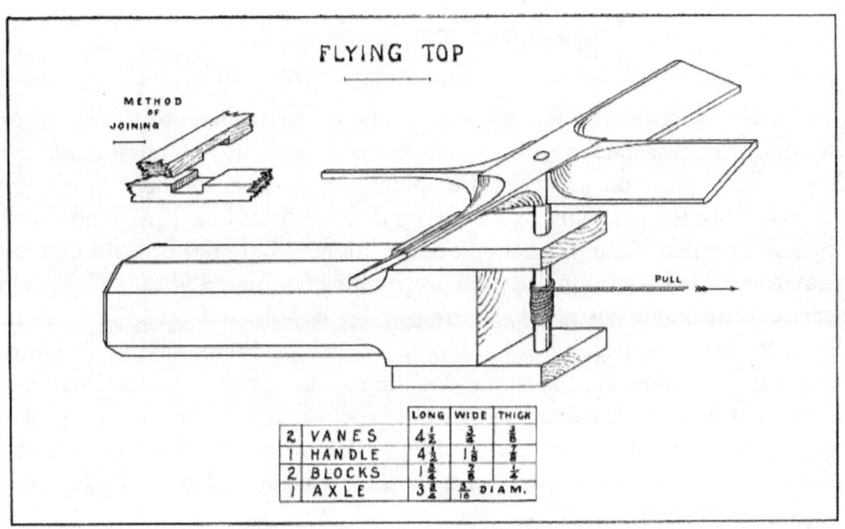

		LONG	WIDE	THICK
2	VANES	$4\frac{1}{2}$	$\frac{3}{4}$	$\frac{1}{8}$
1	HANDLE	$4\frac{1}{2}$	$1\frac{1}{8}$	$\frac{7}{8}$
2	BLOCKS	$1\frac{3}{4}$	$\frac{7}{8}$	$\frac{1}{4}$
1	AXLE	$3\frac{3}{4}$	$\frac{3}{16}$ DIAM.	

DESSUS VOLANT — Planche 4

Une variété de tailles, de formes et de couleurs de plateaux tournant sur une assiette est un spectacle vivant. Celui proposé est peut-être aussi grand qu'il devrait l'être pour un tel sport. Les plus petits sont facilement fabriqués à partir de bobines sans faire de disque ou de roue pour eux. Plus la broche est fine , plus on peut faire tourner la toupie rapidement. Faites d'abord un bâton d'environ 6" de long pour s'adapter au trou de la bobine. Rabotez 1" de celui-ci en se rétrécissant jusqu'à 1/8", puis collez la bobine à 1-1/4" en dessous de cette petite extrémité. Maintenant, tenez la bobine dans l'étau par l'extrémité et faites, avec la scie à dos, une scie coupée à moitié à travers la bobine sur la même inclinaison que la partie inclinée de la bobine ; puis j'ai vu jusqu'au bout de cette coupe oblique. Retournez presque la bobine et répétez cette opération ; puis sciez-le complètement et réduisez la bobine jusqu'à un bon point.

Dessinez un cercle de 2" sur un morceau de bois de 1/4" d'épaisseur. Dessinez d'autres cercles comme vous le souhaitez pour les colorier. Observez les instructions de <u>la page 20</u> pour fabriquer une roue. Lorsque la roue est ronde, percez un trou de 5/16" en son centre, poncez-la et collez-la en place sur la bobine et l'axe. Elle peut être colorée avec des crayons de couleur ou de l'aquarelle.

TOP

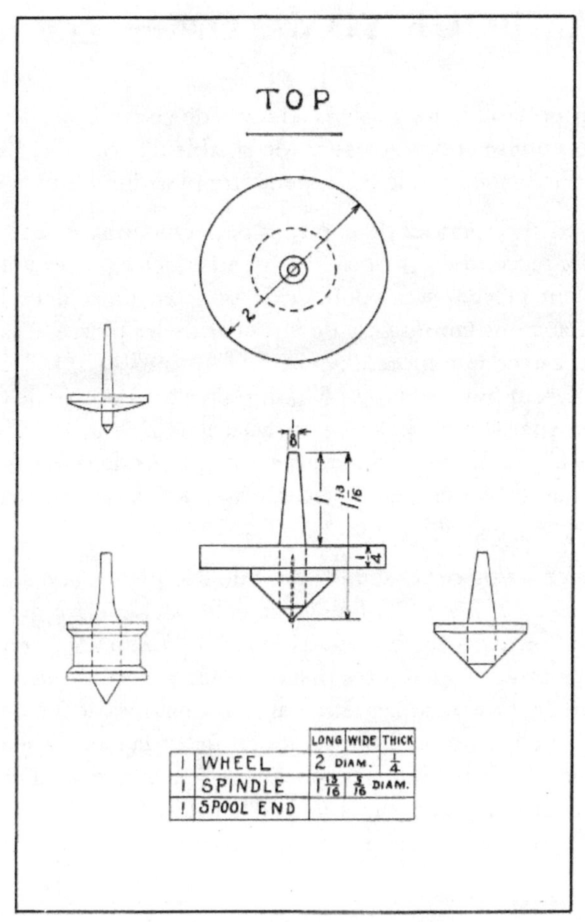

HAUT — Planche 5

TAMBOUR TOM-TOM— .

Comme pour un violon, les qualités sonores de ce tambour dépendent de la qualité du bois utilisé et de l'épaisseur de la table d'harmonie. L'épicéa est un bon bois à utiliser, même si le pilon peut être plus dur.

Un bon moyen de fabriquer deux pièces de même longueur et épaisseur est de raboter *une* pièce, qui est plus large que les deux pièces combinées, à la bonne longueur et épaisseur, puis de la scier en deux dans le sens de la longueur ; ainsi, pour fabriquer le dessus et entre les pièces, il sera préférable de commencer avec une pièce d'environ 6" × 7/8" × 5/16". Si aucun bois de 1/8" d'épaisseur pour les tables d'harmonie n'est à portée de main, rabotez une pièce plus épaisse sur toutes les surfaces 3" × 2" × 5/16". Ensuite, tracez une ligne à 1/8" de chaque surface large tout autour de la pièce et sciez entre ces lignes. Pour raboter ces deux pièces, posez-les sur la planche décrite dans la note en bas de page 19 .

Collez et clouez les pièces ensemble avec de très petites attaches parisiennes ou des épingles coupées 1/2". Laissez la colle sécher six à dix heures avant de tordre le pilon dans les cordes. Découpez une petite encoche près des extrémités des pièces supérieures dans laquelle pour enrouler deux ou trois brins de corde. Tournez la baguette dans le sens opposé à celui où elle doit frapper la table d'harmonie. Pour en jouer, tenez-la dans la main gauche, et laissez les doigts de la main droite glisser sur l'extrémité de la corde. le pilon, faisant ainsi heurter le pilon sur la table d'harmonie.

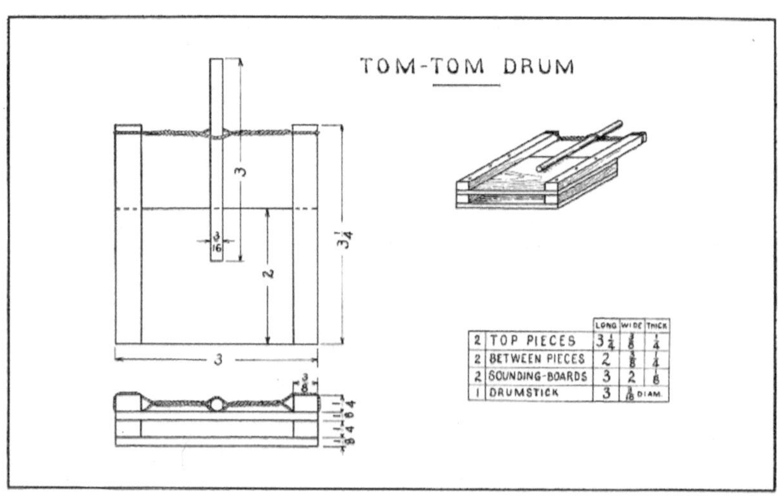

		LONG	WIDE	THICK
2	TOP PIECES	$3\frac{1}{4}$	$\frac{3}{8}$	$\frac{1}{4}$
2	BETWEEN PIECES	2	$\frac{3}{8}$	$\frac{1}{4}$
2	SOUNDING-BOARDS	3	2	$\frac{1}{8}$
1	DRUMSTICK	3	$\frac{3}{16}$ DIAM.	

TAMBOUR TOM-TOM — PLANCHE 6

La partie de ce modèle difficile à réaliser est un joli trou lisse. Le moyen le plus sûr est de commencer avec un morceau de bois épais pour le canon, 6" × 1-1/4" × 1-1/4". Dessinez un cercle de 7/8" à une extrémité ; puis percez le trou de 7/16" aussi droit que possible, en commençant par le centre du cercle. Arrêtez de percer dès que l'éperon du foret pique à travers l'autre extrémité, et tracez un autre cercle de 7/8", en réglant l'aiguille- pointe de la boussole dans le petit trou fait par l'éperon ; puis finissons d'être ennuyeux. Planifiez ensuite la pièce autour de la taille des cercles. La baguette doit être fabriquée comme indiqué à <u>la page 16</u> . Le trou doit maintenant être poncé en enroulant un long et étroit morceau de papier de verre autour de la baguette et en l'attachant solidement à chaque extrémité avec de la ficelle. Fabriquez le manche en prenant soin de percer le trou droit à 1" de profondeur et collez-y la baguette.

Coupez 3/8" de la partie d'un bouchon qui s'insère fermement dans le fût. Enfoncez un clou mince ou une attache parisienne dans un morceau de cuir dur (ou de zinc ou de cuivre) et coupez-le autour de 1/4" de diamètre. Percez un petit trou exactement au centre de l'extrémité de la baguette, puis enfoncez le clou à travers le centre du bouchon et dans la baguette.

Pour rendre le trou du canon encore meilleur, laissez tomber quelques gouttes de bougie dedans, insérez rapidement la baguette et poussez-la rapidement d'avant en arrière. Une poussée soudaine de la baguette fera sauter l'autre bouchon avec un bruit fort. Pour conserver ce bouchon, nouez une extrémité d'une ficelle autour de lui et l'autre extrémité autour du fût.

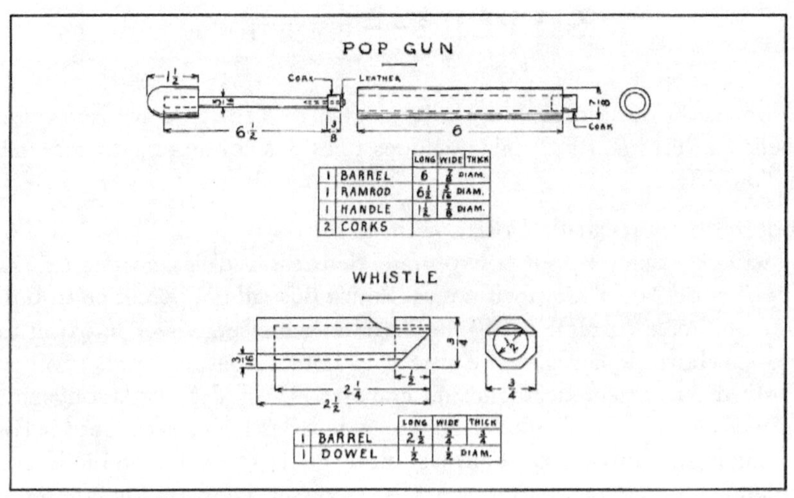

PISTOLET POP ET SIFFLET — Planche 7

La dimension de la chambre, de l'encoche, de l'entrée d'air, la force avec laquelle l'air est insufflé , voilà quelques-unes des conditions qui affectent le ton d'un sifflet.

Rabotez un morceau de bois à grain serré de 6" × 3/4" × 3/4". Cette longueur est suggérée pour pouvoir faire deux essais d'alésage. Percez un trou de 1/2" et de 2-1/4" de profondeur. Pour vous aider à percer ce trou droit, serrez une règle (la règle peut faire l'affaire) dans l'étau avec le bâton carré. Placez un bord de la règle au centre d'un côté du bâton. Après avoir percé un trou droit , tracez des lignes au crayon à 3/16" des bords longs sur les quatre côtés. Une bonne façon de tracer de telles lignes est de poser l'ongle du majeur sur un côté du bâton comme guide et de maintenir le crayon étroitement sur cet ongle tout en le faisant glisser. La main doit être tenue de manière assez rigide. La pratique permettra de tracer des lignes de cette façon avec assez de précision. Placez le bâton dans l'étau de manière à ce qu'un bord soit droit vers le haut et rabotez le coin jusqu'à la ligne. Rabotez les quatre coins de manière à réaliser un bon bâton octogonal. Fabriquez un goujon (voir <u>page 11 </u>) d'environ 1-1/2" de long pour qu'il s'insère bien dans le trou. Ne le serrez pas trop fort au risque de fendre le sifflet. Il pourrait très bien être installé d'abord dans un trou de 1/2" percé dans un déchet de bois. Rabotez un côté de cette cheville jusqu'à ce qu'un endroit plat soit fait de 3/8" de large. Poussez la cheville dans le sifflet et sciez l'extrémité droite de l'encoche d'environ 3/16" de profondeur. Parez le reste de l'encoche avec un couteau ou un ciseau, en testant le sifflet en le soufflant de temps en temps au fur et à mesure que le parage se déroule. Lorsque cela sonne mieux, collez le goujon en place et laissez-le sécher avant de le scier et de couper la partie inclinée. Lorsque cela est fait, sciez le sifflet sur une longueur de 2-1/2". Si un son de roulement est souhaité, mettez un petit pois avant de coller la cheville en place.

FLÈCHE— .

Le vieil adage « Droite comme une flèche » suggère la qualité la plus importante d'une flèche : elle doit être droite. Sciez une bande à 20" × 1/2" du bord d'une planche d'épicéa à grain droit et rabotez-la selon les instructions de la page 16 . Pour faire l'encoche de la corde de l'arc, limez d'abord une encoche dans la plus petite extrémité, puis sciez-la à 1/4" de profondeur et lissez-la avec le bord plié d'un morceau de papier de verre. Liez fermement la plus grande extrémité avec un fil souple plutôt petit. (Voir page 16.) Les plumes de pigeon sont plus faciles à utiliser car les piquants sont doux et droits. Les plumes de dinde et d'oie sont bonnes, et les plumes de poule feront l'affaire si elles sont presque droites. La plume doit être fendue avec la pointe d'un petit , couteau bien aiguisé, la plume étant maintenue sur une planche à découper. Environ 3" de plume sont nécessaires. Avec des ciseaux, coupez la plume sur environ 5/16" de large, puis collez-la et épinglez-la en place à 1-1/4" de la plus petite extrémité de la flèche. Les Indiens utilisent trois plumes, mais deux suffisent pour un garçon. Lorsque les plumes sont en place, les extrémités des piquants doivent être liées très doucement et étroitement avec du fil. Remarquez la position des plumes sur la planche 8 : la plume *du bas* de la flèche à trois plumes est appelée plume de coq et doit être d'une couleur différente des deux autres. Il est toujours placé sur la corde de l'arc, *à l'écart* de l'arc.

ARC— <u>PLANCHE 8</u> .

Presque n'importe quel bâton résistant qui se plie selon une bonne courbe répondra à un arc, mais le frêne blanc, comme celui utilisé dans les manches de houes et de râteaux, est probablement le meilleur et le plus facile à obtenir. Un bois cassant comme la pruche peut être utilisé, s'il est utilisé avec beaucoup de soin ; en effet, certains Esquimaux, qui ne peuvent se procurer que du bois flotté sec et cassant, fabriquent encore un magnifique arc en l'enveloppant entièrement de tendon. L'arc doit être plus court que l'archer. Rabotez chaque extrémité en effilant, d'abord sur le bas, puis sur les deux bords. Laissez 6" au milieu droit pour une poignée. Notez la forme, <u>planche 8</u> , des trois marches dans le rabotage de l'arc. Faites particulièrement attention à bien faire la deuxième marche, puis la troisième viendra facilement. Limez les encoches près de chacune. terminez quelque peu la forme de la boucle sur la corde de l'arc. Avant que l'arc puisse être terminé, il faut l'enfiler et le tirer un peu pour l'éprouver , — pour voir si les deux extrémités courbent la même bonne courbe, — et non la courbe d'un cercle. mais celui du côté large d'une ellipse. Les extrémités doivent se courber plus que le milieu. Lorsqu'elle se plie correctement, lissez-la bien avec une lime grossière, ou du verre, et du papier de verre. Ne soyez pas tenté de tirer l'arc trop loin et ainsi cassez-le ; celui qui se plie facilement est moins susceptible de se briser que celui qui est trop fort. Lorsque l'arc est enfilé, le centre de celui-ci et de la corde de l'arc doit être marqué avec du fil ou de la couleur.

Un morceau de ligne de pêche solide constitue une bonne corde d'arc. Un bon fil peut être fabriqué à partir de fil de lin sur la machine à ficelle illustrée sur <u>la planche 34</u> . Faites des nœuds comme indiqué sur <u>la Fig. 2</u> .

Fig. 2. — Noeud d'attelage en bois et noeud de bouline

L'attelage en bois doit être maintenu en place sur l'arc et le nœud de chaise doit être ramené sur l'arc lorsqu'il n'est pas tendu. La meilleure façon de corder un arc est de placer l'extrémité ayant l'attelage au sol contre son pied gauche, puis de tirer le milieu de l'arc avec la main gauche, et de pousser la partie supérieure avec la main droite, permettant cette main à glisser vers le haut de manière à enfoncer le nœud de chaise dans l'encoche supérieure. Une fois terminé, l'arc peut être amélioré en le frottant bien avec de la graisse.

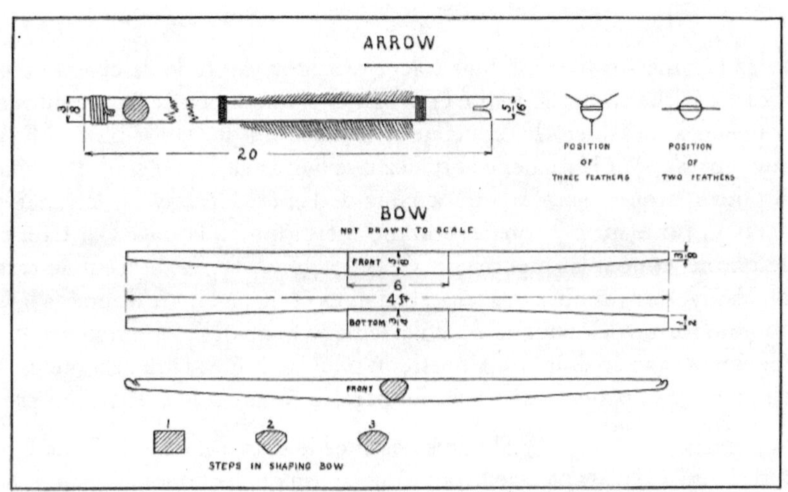

FLÈCHE ET ARC — Planche 8

Rabotez la lame sur mesure, puis tracez une ligne centrale de chaque côté et tracez les courbes pour la pointe et le manche. Façonnez ces extrémités avec le couteau à dessiner, le couteau à rayons ou le rabot-bloc. Mesurez maintenant 5" pour le manche et tracez une ligne le long du centre de chaque bord pour marquer les bords tranchants de l'épée. Un ouvrier le ferait avec son crayon posé sur son ongle, comme mentionné à la page 32. Utilisez le porte-parole. couper les quatre coins (pour aiguiser l'épée) et les finir avec un rabot. Essayez de prendre des copeaux larges et plats afin de donner à la lame une bonne forme de diamant. Là où la lame et le manche se rencontrent, une bonne épaule carrée doit être Un garçon peut peut-être faire cela mieux avec une lime large et plate, bien qu'un ouvrier utilise une scie à dos et un ciseau.

Sciez la garde 5" × 3" × 1/2" ; puis dessinez le diamant de 1-1/2" de long et 1/2" de large. Ce n'est pas facile pour un garçon de découper cela, alors soyez prudent et surveillez pour éviter de fendre la planche. Percez d'abord de petits trous à chaque extrémité du diamant, puis percez d'autres trous aussi grands que possible dans le diamant, planche 9. Avec un ciseau fin, coupez directement la planche sur une planche à découper. Lorsque le diamant va installez la lame, dessinez la forme de la garde à main levée et coupez les bords comme expliqué pour le buzzer à la page 20. Poncez les deux parties de l'épée et fixez la garde avec de la colle et deux attaches parisiennes de 2", enfoncées de chaque bord de la garde. dans des trous percés à cet effet.

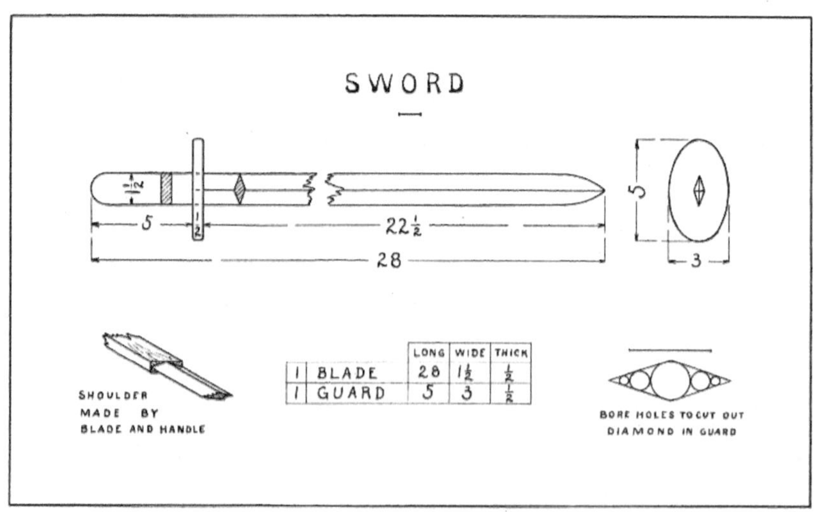

ÉPÉE — PLANCHE 9

BOÎTE MAGIQUE— <u>PLANCHE 10</u>.

C'est vraiment une boîte magique pour ceux qui ne comprennent pas son fonctionnement. Qui aurait cru que ces petits morceaux de gens sauteraient de haut en bas à l'intérieur de leur maison simplement parce que leur fenêtre était frottée avec un morceau de cuir ? Essayez-le et voyez à quel point ils sont excités.

Si l'ouvrier peut couper du verre, fabriquez d'abord la boîte, sinon il doit se procurer un morceau de verre de 5-1/2" × 3" et construire la boîte pour l'adapter. La fabrication d'une bonne boîte nécessite un travail minutieux, alors assurez-vous que toutes les extrémités et tous les bords sont carrés et que les pièces correspondantes sont de la même taille avant de la clouer ensemble. Planez toutes ces petites planches dans le crochet de banc. Faites d'abord les extrémités de 1" de large et aussi longues *que* le verre est *large* . Faites en sorte que les côtés aient la même largeur et aussi longtemps que le verre, *plus* l'épaisseur des deux extrémités. Collez et clouez-les aux extrémités, en gardant les bords inférieurs au même niveau. Fixez tous les clous avec un set à clous.

Un bord et une extrémité seulement du fond doivent maintenant être rabotés d'équerre, l'autre bord et l'autre extrémité étant laissés à raboter une fois le fond cloué en place. Coupez un morceau d'étain 1/16" plus petit que le verre, ou collez du papier d'aluminium à l'intérieur du fond. Si du papier d'aluminium doit être utilisé, lissez-le soigneusement sur un morceau de papier avec les doigts, puis étalez un peu de colle dessus. le fond et posez le papier d'aluminium dessus. Le bord carré et l'extrémité du fond doivent être cloués en premier, en les faisant bien s'ajuster, puis l'autre bord et l'autre extrémité. N'enfoncez jamais un clou trop près du coin du fond de peur qu'il ne heurte "Les clous enfoncés à travers les côtés de la boîte. Planifiez maintenant l'extrémité, puis le côté du fond pour qu'ils s'ajustent. Si de l'étain est utilisé à la place du papier d'aluminium, placez-le à l'intérieur de la boîte après que le fond ait été cloué en place. Faites en sorte que les deux supports s'ajustent. à l'intérieur de la boîte dans le sens de la longueur et juste assez large pour maintenir le haut du verre au ras des bords supérieurs de la boîte. Pour maintenir les supports, enfoncez des clous à travers les extrémités de la boîte.

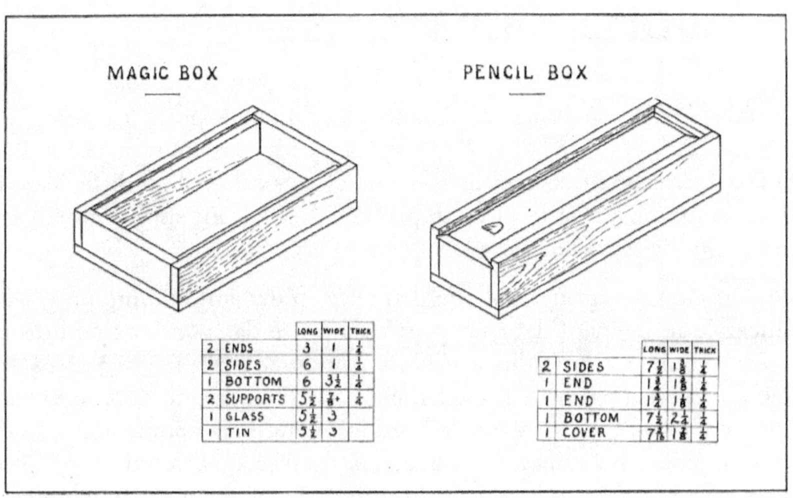

		LONG	WIDE	THICK
2	ENDS	3	1	$\frac{1}{4}$
2	SIDES	6	1	$\frac{1}{4}$
1	BOTTOM	6	$3\frac{1}{2}$	$\frac{1}{4}$
2	SUPPORTS	$5\frac{1}{2}$	$\frac{7}{8}$+	$\frac{1}{4}$
1	GLASS	$5\frac{1}{2}$	3	
1	TIN	$5\frac{1}{2}$	3	

		LONG	WIDE	THICK
2	SIDES	$7\frac{1}{2}$	$1\frac{3}{8}$	$\frac{1}{4}$
1	END	$1\frac{3}{4}$	$1\frac{3}{8}$	$\frac{1}{4}$
1	END	$1\frac{3}{4}$	$1\frac{1}{8}$	$\frac{1}{4}$
1	BOTTOM	$7\frac{1}{2}$	$2\frac{1}{4}$	$\frac{1}{4}$
1	COVER	$7\frac{3}{4}$	$1\frac{3}{8}$	$\frac{1}{4}$

BOÎTE MAGIQUE ET BOÎTE À CRAYONS — PLANCHE 10

Tout ce qui concerne les appareils électriques doit être propre et sec, donc, comme il s'agit en réalité d'un boîtier électrique, nettoyez le verre et la boîte avant de l'utiliser. Mettez quelques morceaux de charbon de bois, de papier, de paille ou de sciure de bois dans la boîte, faites-la chauffer et sécher, frottez le verre avec un morceau de cuir (gant, chaussure), puis voyez comment les petits gens sautent ! L'explication est la suivante : frotter du verre avec du cuir, de la fourrure, de la laine ou de la soie *génère* de l'électricité ; cette électricité *attire* les corps non électrisés, élevant ainsi le petit monde vers le verre ; dès qu'ils se *chargent* d'électricité sur le verre, ils sont *repoussés* et jetés dans la boîte ; la boîte de conserve *évacue* leur charge d'électricité et ils sont prêts à recommencer leur cirque.

BOÎTE À CRAYONS— PLANCHE 10.

Pour fabriquer cette boîte, sciez une pièce longue pour les côtés et les extrémités, 22" × 1-7/8" × 1/4", ou deux pièces plus courtes, 12" × 1-7/8" × 1/4". . La raison pour laquelle ils sont si longs est qu'il est difficile de bien faire la rainure jusqu'au bout de la planche ; et ils sont suffisamment larges pour essayer deux fois de faire le sillon.

Limez un clou (environ 3/32" de diamètre) tranchant comme un ciseau et enfoncez-le fermement dans un petit trou percé dans un bloc de bois dont un coin est feuillu, c'est-à-dire scié comme indiqué sur la figure 3 . L'extérieur du clou, mesuré à partir de l'épaulement de la feuillure, doit être exactement à 1/4" de distance, de sorte que le bord inférieur de la rainure soit à 1/4" du haut de la boîte. Entraînez-vous avec cet outil jusqu'à ce qu'un une bonne rainure peut être faite avec des déchets de bois, puis faites la rainure le long d'un bord de la planche. Une fois bien fait, rabotez la planche sur 1-3/8" de large et sciez-la aux longueurs appropriées pour les côtés et les extrémités. À l'avant, il n'y a pas de rainure, donc rabotez-la loin d'une pièce qui vient d'être sciée. Poncez les côtés plats avant de les coller et de les clouer ensemble. Préparez le fond comme indiqué pour la boîte magique, page 38 , puis poncez-le, collez-le et clouez-le. Posez tous les ongles. Rabotez le bas pour l'ajuster. Préparez le couvercle un peu trop long mais exactement à la largeur entre les rainures. Comme pour la fabrication du sifflet, page 32 , tracez ici des lignes au crayon pour le biseau de 3/8" de large sur le couvercle. Entraînez-vous d'abord à raboter un biseau sur des déchets de bois. Le biseau à l'autre extrémité du couvercle peut être raboté en tenant le couvercle à la verticale dans l'étau. Lorsqu'il glisse doucement dans les rainures, sciez-le à la bonne longueur. Pour l'encoche, faites une coupe profonde avec une gouge et coupez le copeau tout droit avec la pointe d'un couteau ou un petit ciseau. Tenez-le sur l'établi. -accrochez-vous en faisant cela.

Figure 3

TÉLÉPHONE— <u>PLANCHE 11</u> .

À notre époque où même les garçons utilisent la télégraphie sans fil, ce téléphone peut paraître modeste, mais il est étonnamment bon et il est très facile à fabriquer et à utiliser. Le tambour doit être dur et serré, la corde doit être une petite corde dure (même si le cordon rose commun ciré à la paraffine fera l'affaire), et la corde ne doit être soutenue que par les tambours lorsque le téléphone est utilisé.

Après avoir préparé les huit côtés, observez dans <u>la planche 11</u> , la méthode de clouer ensemble quatre planches d'égale largeur pour former un carré, chacune étant clouée sur une autre. Les extrémités des boîtes doivent être bien arrondies avec du papier de verre avant d'étirer le tambour dessus.

Le meilleur matériau pour le tambour est le cuir brut, la peau séchée d'un animal. La peau d'un petit animal comme le chat, le lapin ou la marmotte est la meilleure. Les garçons de la campagne n'auront pas beaucoup de difficulté à se procurer un tel cuir brut, mais les garçons de la ville pourront le faire. Pour enlever les poils ou la fourrure d'une peau, mettez un morceau de chaux gros comme un œuf de poule dans une bassine d'eau et faites-y tremper la peau jusqu'à ce que les poils puissent être facilement arrachés (généralement quelques minutes) ; puis lavez la peau, étirez-la sur une extrémité d'une boîte et fixez-la tous les 3/8" avec des punaises de 2 oz. Une fois séchée , elle sera "serrée comme un tambour" et prête à l'emploi. Un bon tambour peut également être fabriqué à partir d'un vieux gant ou d'une chaussure d'enfant (habillé). Trempez un morceau de 4" carré dans l'eau pendant quelques minutes, puis étirez-le encore humide, fermement sur la boîte. Une fois sec, enduisez-le des deux côtés de paraffine fondue. Attachez le cordon au tambour simplement par un nœud à l'intérieur. Si un cordon rose commun est utilisé, enfoncez la paraffine avec un fer plat chaud.

Pour utiliser le téléphone, un garçon à chaque extrémité de la ligne tient sa boîte de manière à ce que la ficelle ne touche rien, puis l'un parle dans sa boîte tandis que l'autre écoute dans la sienne. Le téléphone peut être étendu d'une maison à l'autre si les maisons sont situées à plusieurs centaines de pieds les unes des autres et disposent d'un espace libre entre elles. Si deux téléphones étaient disponibles, une personne pourrait parler et écouter en même temps.

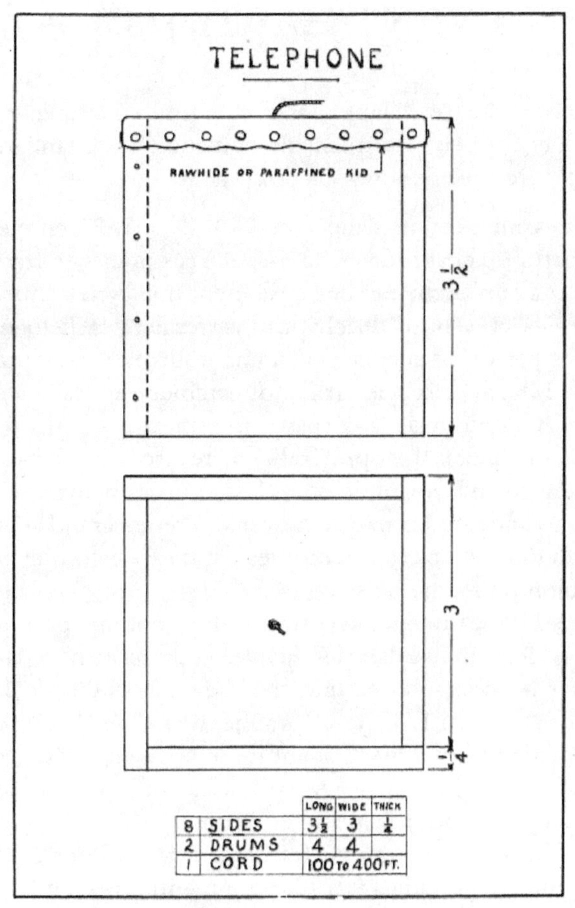

		LONG	WIDE	THICK
8	SIDES	3½	3	¼
2	DRUMS	4	4	
1	CORD	100 to 400 FT.		

TÉLÉPHONE — Planche 11

MOULIN À VENT HAPPY JACK— PLANCHE 12 .

Par une journée venteuse, "Happy Jack" sera tout un cirque sur le poteau de la corde à linge. S'il peut être peint de couleurs vives, tant mieux, sinon il devrait être décoré avec des crayons de couleur.

Le corps est dessiné sur une planche de 9" × 2" × 1/2", en mesurant toutes les figures à partir du chapeau vers le bas, et à ces points en traçant des lignes carrées sur toute la planche ; tracez également une ligne centrale de la tête à talon. Les orteils et le bord du chapeau se fendent facilement, alors faites attention à ces pièces. Si aucune scie à chantourner n'est à portée de main, sciez tous les 3/8" avec la scie arrière directement en travers du bord de la planche jusqu'au contour de la corps; puis coupez ces petits morceaux avec un couteau ou un ciseau. Il est préférable de réaliser les courbes au niveau du col avec une mèche n°6 avant de scier. Les courbes peuvent être finies avec une lime demi-ronde ou du papier de verre. Prenez grand soin de percer le trou au niveau des jambes et des épaules ; si un trou commence de travers, collez un goujon du même bois (voir Chevilles , page 11), laissez-le sécher, puis réessayez. Utilisez une règle comme guide, comme pour le sifflet, page 32. Un mors n° 3 est utilisé dans les épaules et un mors n° 4 dans les jambes. Pour fabriquer les bras, utilisez une cheville en bois dur de 1/2" de 6" de long. Percez des trous de 1/4" pour les aubes à 1/2" de chaque côté du centre du goujon et limez les poignets, avant de le scier en deux. Arrondissez les extrémités avec du papier de verre. Aplatissez suffisamment le fil de 4" qui passe dans les épaules pour l'empêcher de tourner dans les bras. Percez des trous dans les bras pour maintenir fermement le fil. Pour raboter les aubes fines à l'extrémité large, utilisez la planche mentionnée en bas de page. 19. Lorsque vous collez et clouez les aubes dans les bras, n'oubliez pas que l'une repose à plat et l'autre presque sur le bord ; n'oubliez pas non plus de les équilibrer. Percez un trou de 3/16" au centre de la base et collez-y le goujon. Avant d'essayer de fixer « Happy Jack » à un poteau, percez des trous dans la base pour les clous ou les vis.

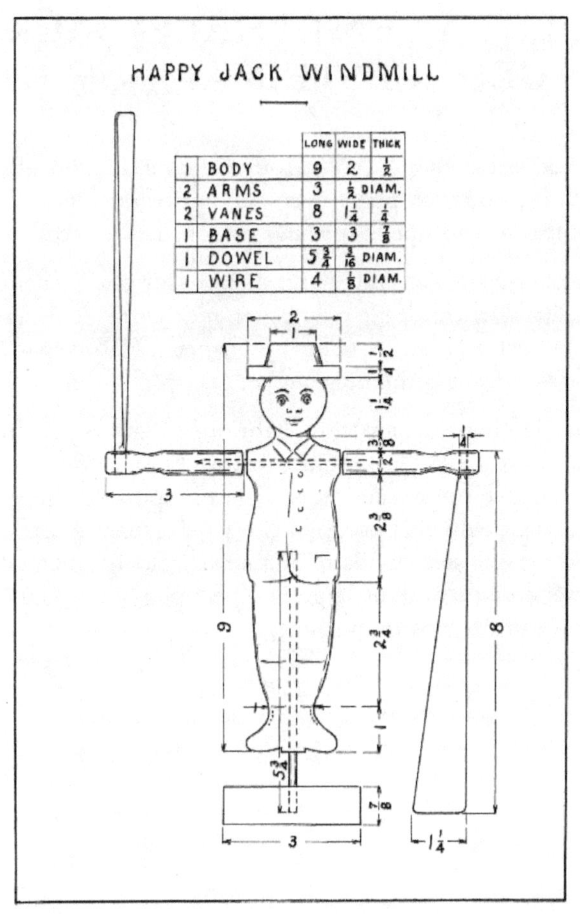

MOULIN À VENT HAPPY JACK — Planche 12

MOULIN À VENT "HAPPY JACK" DE GLOUCESTER— <u>PLANCHE 13</u> .

Ce "Happy Jack" est celui que l'on retrouve le long des côtes de la Nouvelle-Angleterre. Il est souvent peint avec un uniforme bleu et blanc et des chaussures noires, tandis que les pagaies ne sont pas peintes.

Le dessin est réalisé sur des carrés afin de pouvoir être facilement agrandi à n'importe quelle taille. Gardez le même *nombre* de carrés mais faites-en la taille souhaitée ; 3/4" est une bonne taille. Le chapeau, étant séparé du corps, ne doit pas être dessiné sur la même planche.

Pour fabriquer le chapeau sans tour, fabriquez deux roues en bois tendre, arrondissez un bord de la plus grande, collez et clouez dessus la plus petite. J'ai vu la tête inclinée pour créer un endroit plat pour le chapeau, comme le montre la vue latérale du chapeau, <u>planche 13</u> . L'espace entre les jambes doit être découpé avec une scie circulaire ou une scie cloche, bien qu'il puisse être calculé comme le diamant dans le garde-épée, <u>planche 9</u> . Le "Happy Jack" doit être monté sur un gros fil machine.

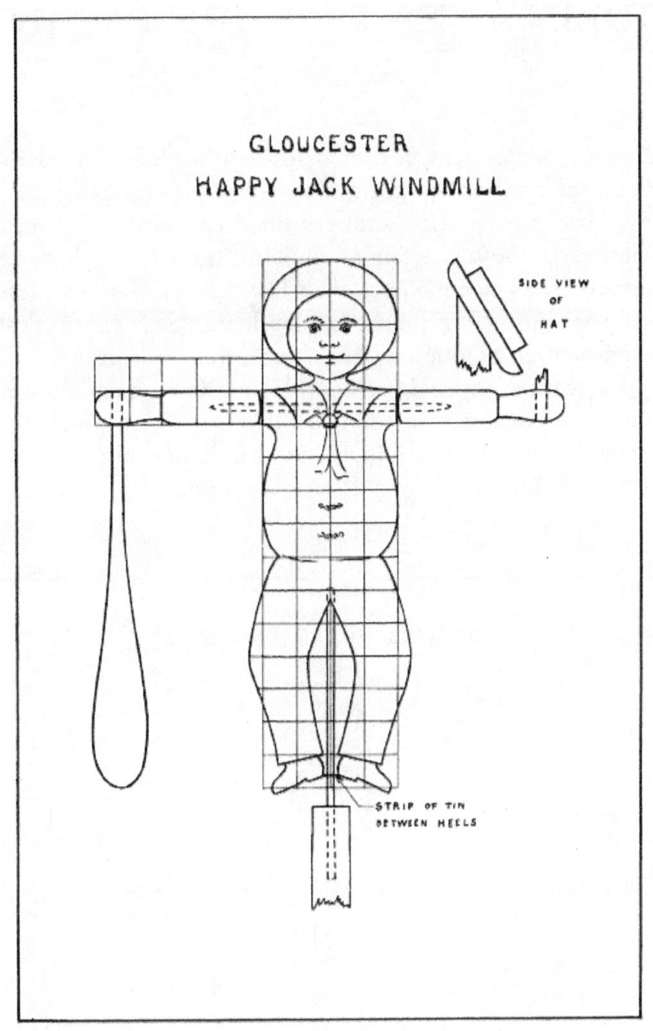

MOULIN À VENT GLOUCESTER HAPPY JACK — Planche 13

MOULIN À VENT INDIEN PAYANT—

<u>PLANCHE 14</u> .

Donnez à ce moulin à vent la dimension souhaitée, en utilisant le même nombre de carrés dans le dessin pour conserver les proportions. La poupe du canot doit être rabotée suffisamment finement pour que le moulin à vent terminé soit presque ou tout à fait en équilibre sur le fil machine vertical. Les bras doivent être faits comme ceux du « Happy Jack » et aussi longs que du centre de l'épaule jusqu'à la plume la plus haute. Si le canot n'est pas trop large, l'Indien peut être cloué en place avec deux clous comme le montre la <u>planche 14</u> , sinon enfoncez des clous plus petits en biais à travers l'arrière dans le canot ; percez des trous dans les deux cas. Une fois le trou percé à travers les épaules, utilisez une équerre pour indiquer où commencer le trou à travers le canoë afin qu'il vienne devant le premier.

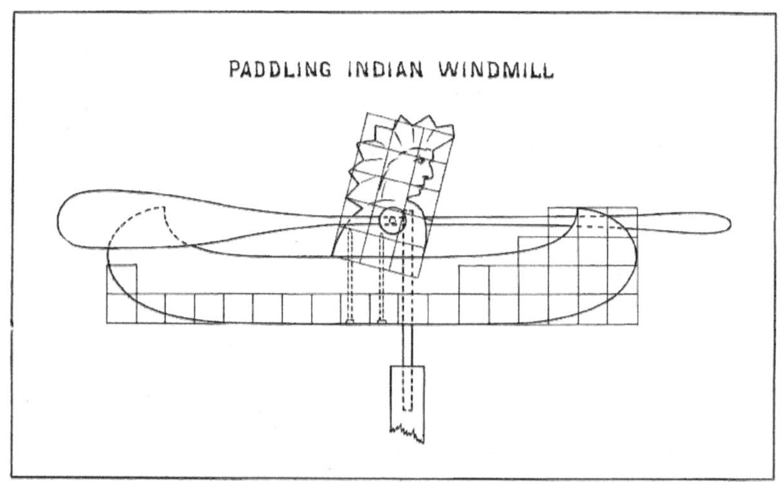

MOULIN À VENT INDIEN À PAVILLON — PLANCHE 14

Cerf-volant— .

Le cerf-volant est un sport tellement fascinant que les trois cerfs-volants typiques présentés ici donneront envie d'en construire d'autres, plus grands et de formes différentes. [2] Les cerfs-volants ont été suffisamment grands pour transporter un homme dans les airs. Les réglages d'un cerf-volant sont si subtils qu'il faut parfois beaucoup de patience pour le faire voler. C'est pourquoi la bride plutôt élaborée est suggérée pour le cerf-volant recouvert de papier avec queue. Cela nécessitera un séjour un peu plus long en atelier, mais cela permettra de gagner du temps en extérieur.

[2] De nombreuses suggestions se trouvent dans "The Construction and Flying of Kites" de Charles M. Miller, prix 20 cents, Manual Arts Press, Peoria, Ill.

Pour fabriquer le dos et la traverse, sciez une bande de 1/4" à partir du bord d'une planche d'épicéa à grain droit de 7/8" de 3 pieds de long ; puis sciez à nouveau cette bande dans le sens de la longueur et rabotez les deux pièces de 3 pi × 3/8" × 1/4". Marquez le centre de la traverse et un point à 8" du haut de la colonne vertébrale, et rabotez chaque extrémité en diminuant à 3/16". À chaque extrémité, sciez une fente de 3/16" de profondeur, planche 15. Collez et liez solidement le milieu de la traverse au point de 8" sur le dos. Notez que les derniers brins contournent *les* autres. Testez les bâtons pour voir s'ils sont d'équerre les uns par rapport aux autres. Cela peut être fait en mesurant d'une extrémité de la colonne vertébrale à chaque extrémité de la traverse. Mettez un cordon qui ne s'étire pas autour des extrémités des bâtons, dans les fentes, et attachez-le fermement. Attachez cette corde dans chaque fente de manière à ce qu'elle ne glisse pas, et en même temps enroulez les bâtons afin qu'ils ne se fendent pas au-delà de la fente. Ce faisant, il faut mesurer à nouveau de chaque extrémité de la colonne vertébrale jusqu'aux extrémités de la traverse afin que les deux moitiés du cerf-volant soient égales.

Couvrez le cerf-volant avec du papier résistant et léger. Collez le papier sur les bâtons et pliez-le sur la ficelle 1/2". Essayez de placer la ficelle dans le pli du pli. Renforcez les coins avec un autre morceau de papier de 2" de large.

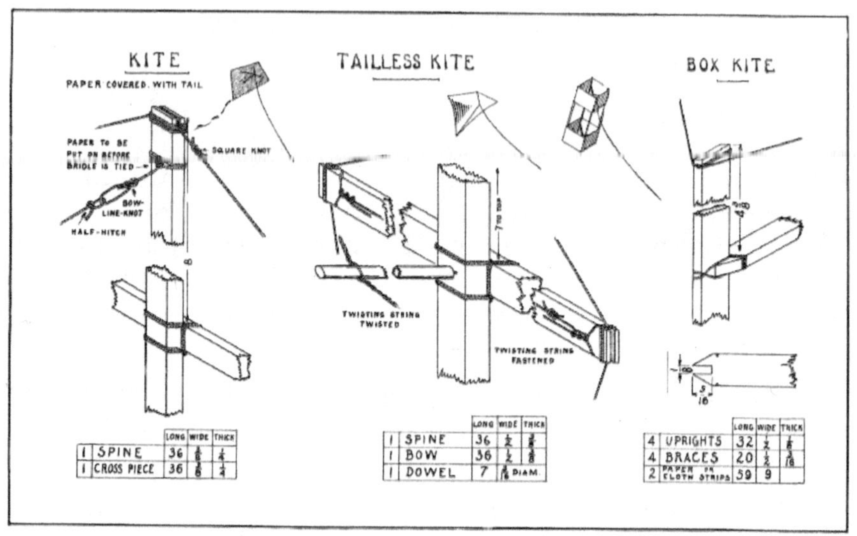

| 1 | SPINE | 36 | | |
| 1 | CROSS PIECE | 36 | | |

1	SPINE	36		
1	BOW	36		
1	DOWEL	7	DIAM.	

4	UPRIGHTS	32		
4	BRACES	20		
2	PAPER OR CLOTH STRIPS	59	9	

Cerf-volant, cerf-volant sans queue et cerf-volant en boîte — PLANCHE 15

Pour fabriquer une bride réglable, enroulez deux fois un cordon autour de la colonne vertébrale près de son sommet et attachez-le fermement sur le devant, en gardant le nœud au milieu. Il faudra bien entendu faire de petits trous dans le papier. Coupez le cordon d'environ 2" de long et faites un nœud de chaise, Fig. 2 , p. 34. Mesurez sur la traverse à 10" du centre et le long de la colonne vertébrale à 12" de la traverse, et faites trois autres nœuds de ce type. Doublez deux cordons, d'environ 40" de long, et attachez-les en un gros nœud, appelé nœud volant, pour former une boucle d'environ 1" de long à laquelle attacher la ligne d'ancrage. Marquez un point sur la colonne vertébrale à 10" sous la traverse. Tenez ici le nœud volant et attachez deux cordons aux boucles de la traverse avec deux ou trois demi-attaches, planche 15 . Amenez maintenant le nœud volant 2" au-dessus de la traverse et hors du cerf-volant suffisamment loin pour tendre ces deux cordes. Attachez une autre corde à la boucle située dans la partie supérieure de la colonne vertébrale. Ajustez la corde restante aussi tendue que les autres.

Un cerf-volant plat comme celui-ci a toujours besoin d'une queue, et la queue la plus gênante jamais fabriquée est celle familière faite de papier et de ficelle. Pour créer une queue pratique, utilisable et facile à réaliser, utilisez des bandes de 3" de large, de banderoles, de gaze ou tout autre tissu doux et léger.

Par vent fort, une queue plus longue est nécessaire que par vent léger. Si le cerf-volant semble trop instable, abaissez-le et essayez d'ajuster la bride ou la queue avant qu'un accident ne se produise. Si le cerf-volant plonge, lâchez la corde juste avant que le cerf-volant n'atteigne le sol afin qu'il ne heurte pas le sol avec suffisamment de force pour briser le cerf-volant. Lorsque vous relâchez rapidement la ficelle, protégez toujours la main avec un chiffon ou un gant pour éviter que la ficelle ne coupe la peau. En cas de doute sur la solidité de la ligne d'ancrage, deux garçons peuvent la tester très rapidement à environ 100 pieds à la fois pendant qu'elle est lâchée ; on ne veut pas que la corde se brise lorsque le cerf-volant est haut dans les airs.

CERF-VOLANT SANS QUEUE— .

Si l'on doit faire voler un cerf-volant au milieu de nombreux obstacles d'arbres, de fils et de maisons, on appréciera l'avantage d'un cerf-volant sans queue. Un tel cerf-volant doit cependant être fabriqué avec plus de précision et doit être recouvert de tissu.

Lors de la fabrication de l'arc, limez les encoches près de la fente à chaque extrémité de la même manière que pour l'arc, planche 8 , dans lequel la corde torsadée sera attachée ultérieurement. Attachez le milieu de l'arc jusqu'à un point situé à 7" du haut de la colonne vertébrale. Dans les fentes, placez la corde qui fait le tour du cerf-volant, en mesurant soigneusement pour garder les deux côtés de la même taille. Cousez un morceau de batiste colorée sur le Attachez le milieu d'une corde solide de 6-1/2 pieds de long à l'encoche limée à une extrémité de l'arc avec trois demi-attaches, comme indiqué dans la planche 15. Passez une partie de cette corde autour de l'autre encoche, et attachez-le de la même manière ; puis nouez les deux extrémités ensemble avec un nœud carré. Réalisez la cheville pour tordre les deux cordons au dos de l'arc de manière à plier l'arc comme vous le souhaitez. Dans une extrémité de la cheville, enfoncez un petit attachez-le et limez-le bien. Le degré de flexion de l'arc ne peut être déterminé qu'en essayant le cerf-volant. À mesure que l'arc se plie, le tissu devient plus lâche, et c'est ce relâchement du tissu qui retient tellement le vent que le cerf-volant volera sans Après avoir suffisamment tordu les cordons, glissez-les vers l'extrémité de la cheville, loin de l'éperon, et posez l'éperon à l'arrière de la colonne vertébrale.

Attachez une ficelle autour des extrémités supérieure et inférieure de la colonne vertébrale pour la bride. Le nœud volant doit arriver jusqu'au bout de l'arc ; ou, certains attachent l'extrémité inférieure de la bride à environ 14" de l'extrémité inférieure de la colonne vertébrale et font le nœud volant à environ 9" devant et 2" au-dessus de l'arc.

BOX KITE— <u>PLANCHE 15</u> .

Dans un vent trop fort pour les autres cerfs-volants, un cerf-volant boîte volera en toute sécurité. La bride est très facile à régler, et le cerf-volant, quoique un peu plus élaboré que les autres, n'est pas difficile à réaliser. De minces bâtons comme ceux-ci peuvent être sciés à partir du bord d'une planche à grain droit. Un moyen simple de réaliser les encoches aux extrémités des supports est de les serrer toutes dans l'étau en même temps, les surfaces planes ensemble, puis de les scier avec une scie à dos. Cette méthode suppose que les montants soient tous rabotés de la même épaisseur. S'ils sont d'épaisseur inégale, sciez les entailles aussi larges que le montant le plus fin et rabotez les autres chacun pour les adapter à son propre montant. Dans toute construction comme celle-ci, qui comporte un certain nombre de parties s'emboîtant les unes aux autres, il est bon de numéroter les parties adjacentes afin qu'elles puissent être assemblées à nouveau, chacune à sa place. De petites entailles sont pratiquées au couteau sur les quatre bords des entretoises, là où l'arrimage doit être enroulé. Lorsque tous les bâtons sont emboîtés, collez les croisillons aux montants à 4-3/8" des extrémités; deux cadres sont ainsi faits pareils. L'arrimage se fait avec du gros fil. Commencez par deux tours autour du croisillon, puis une fois autour du montant, puis une fois autour du renfort, puis de nouveau autour du montant, et ainsi de suite. Les derniers tours doivent se faire autour du renfort. Veiller à ce que le fil passe du renfort au montant de la manière la plus favorable à la tenue. Lorsque tout l'arrimage est terminé, mesurez le centre de chaque renfort. Placez un cadre dans l'autre et enfoncez une goupille à travers les deux centres. Maintenant, les cadres doivent être amenés à un carré de 14-1/2" au moyen d'un fil solide. . Près du haut d'un montant, attachez un fil de 6 pieds, en laissant une extrémité courte. Enroulez simplement l'extrémité longue deux fois autour de chaque montant et attachez l'extrémité avec un nœud papillon jusqu'à ce que tous les côtés du carré puissent être mesurés et ajustés. Lorsque tous les côtés sont égaux, faites du nœud papillon un nœud carré. Enroulez du fil autour de chaque montant, sauf le premier, de manière à maintenir solidement le fil long. Ajustez maintenant l'autre extrémité du cerf-volant de la même manière. Mesurez 8-3/4" à partir des extrémités de chaque montant et placez d'autres fils autour du carré. Ceux-ci peuvent être fixés à chaque montant après le premier par trois demi-attaches.

Le cerf-volant peut être recouvert de tissu ou de papier. Si du tissu est utilisé, les bords doivent être ourlés. S'il s'agit de papier, posez-le sur le sol, mettez de la colle sur chaque montant, puis appuyez le papier sur un montant. Enroulez le papier autour du cerf-volant et enroulez la ficelle autour plusieurs fois pour le maintenir tout en ajustant et en appuyant sur chaque coin. Collez ensuite les extrémités du papier en les tirant le plus fort possible. Deux fers plats retiendront les extrémités pendant le séchage. Une fois le papier en place, ses bords doivent être renforcés avec un étroit ruban de tissu collé dessus.

Attachez les cordes de la bride juste au-dessus et en dessous de la cellule supérieure et placez le nœud volant 5" devant l'extrémité de l'attelle.

VOILIER À CORDES KITE- <u>PLANCHE 16</u> .

Pour envoyer des messages à son cerf-volant, de nombreux garçons ont fait un trou dans un morceau de papier et l'ont regardé remonter sa ligne d'ancrage. Ce voilier fera cela, et d'autres choses aussi, et reviendra en tête-à-queue pour transmettre un autre message. Un parachute, fait d'une serviette en papier, ayant un fil de 12 pouces à chaque coin et un clou pour le lest attaché là où les quatre fils sont noués ensemble, peut être envoyé vers le haut par ce messager, libéré et laissé flotter depuis un grand hauteur. Les planeurs en papier envoyés de cette façon feront de nombreuses "cascades" avant d'atteindre le sol. Pliez une serviette en papier fragile de manière à maintenir un tas de confettis avec une épingle à travers seulement trois ou quatre épaisseurs de la serviette. Cela peut être attaché à la quille et l'épingle retirée par le relâchement et la chute d'un clou, et voilà, une pluie de confettis ! Assurez-vous que le clou qui tombe ne fera pas de mal à l'endroit où il heurte.

Un modèle léger et fragile comme celui-ci nécessitera beaucoup de temps et de patience pour être fabriqué et ajusté afin qu'il fonctionne. Fabriquez la coque et les poteaux à partir d'un bâton d'environ 13" de long. Percez les trous de 3/16" pour le mât et la quille, le premier un peu à gauche (bâbord, dirait un marin) du centre et 2-1/2 " de la proue, cette dernière au centre à 2" de la poupe. Fabriquez les roues des extrémités des bobines en les sciant là où commence la partie droite et en les collant ensemble sur un goujon dur. Trouvez très précisément leurs centres et percez des trous pour les attaches parisiennes de 1" qui forment leurs axes. Enfoncez-les dans le poteau de manière à ce que les roues tournent très librement. Ne clouez pas les poteaux à la coque tant que les pièces en fil de fer n'ont pas été mises en place. Faites trois agrafes d'épingles et enfoncez-les dans le bas de la coque pour qu'un fil fin puisse glisser facilement à travers elles. On en utilise trois pour que le fil soit toujours maintenu droit. Ensuite, faites les deux yeux qui retiennent la corde du cerf-volant sous le Roues. Enroulées une fois et demie, les bobines doivent être suffisamment séparées pour permettre à la corde de glisser entre elles. La sécurité du modèle, qui se balance violemment haut dans les airs, dépend de ces yeux. Ils peuvent être entraînés à travers de petits trous étroits. et pliés sur la face inférieure pour les sécuriser. Ils doivent être juste assez hauts pour permettre à la corde de fonctionner librement. Celui de l'avant est allongé parce que la corde du cerf-volant est tellement inclinée vers le haut. Pliez la gâchette de fil de 4" trois fois autour d'un Brad enfoncé dans un morceau de bois pour plus de commodité. Pour manipuler facilement le fil lors de travaux comme celui-ci, deux pinces seront utiles. J'ai vu une encoche dans l'arc juste assez large pour cette bobine. Maintenant, collez et clouez les poteaux en place.

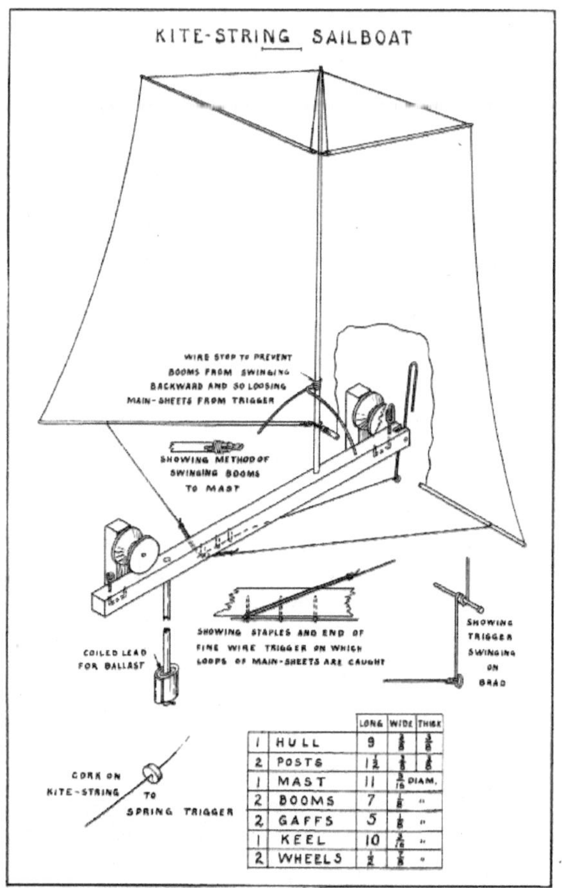

		LONG	WIDE	THICK
1	HULL	9	$\frac{5}{8}$	$\frac{3}{8}$
2	POSTS	$1\frac{1}{2}$	$\frac{3}{8}$	$\frac{3}{8}$
1	MAST	11	$\frac{3}{16}$ DIAM.	
2	BOOMS	7	$\frac{1}{8}$	"
2	GAFFS	5	$\frac{1}{8}$	"
1	KEEL	10	$\frac{3}{16}$	"
2	WHEELS	$\frac{1}{2}$	$\frac{7}{8}$	"

VOILIER À CORDES KITE — Planche 16

Réduisez le mât, tous les longerons, en fait, plus petits à l'extrémité extérieure. Montez-le complètement avant de coller le mât en place. Assurez-vous que les flèches oscillent *au-dessus* de la roue avant, afin de ne pas gêner son bon fonctionnement. Les voiles doivent être en tissu léger. Les bômes et les gaffes (voir planche 30 pour les noms des pièces) doivent osciller librement sur le mât, de manière à se replier lorsque la gâchette est relâchée. Pour les écoutes principales, utilisez du fil noué avec une longue boucle pour glisser sur la partie en fil fin de la gâchette. Un bouchon de 1-1/4" de diamètre, fendu au centre, peut être mis sur la corde du cerf-volant suffisamment loin du cerf-volant pour être à l'abri de tout emmêlement. Sur la quille, fixez suffisamment de lest (environ 1 oz) pour faire monter le voilier à la verticale.

L'HYGROSCOPE OU LE CHALET MÉTÉO— <u>PLANCHE 17</u> .

Ce modèle sert à indiquer l'humidité (humidité) de l'air. Il se compose de la maison, du plateau tournant et des personnages, le plateau tournant étant suspendu à une corde de violon. La corde du violon absorbe l'humidité de l'air et se détorde, faisant ainsi sortir l'homme ; lorsque l'air devient sec, la corde se tord plus fort, faisant ainsi sortir la femme. Le modèle doit être placé à l'extérieur mais pas exposé à la pluie ou au soleil.

Les arcs des portes peuvent être réalisés avec un gros foret (1-3/8") ou une scie à chantourner. Si un foret est utilisé, percez d'abord un trou pour l'éperon, de peur qu'il ne fende la planche. Pendant l'alésage, tenez la planche verticalement dans l'étau. La partie coupée entre les portes peut être sciée avec la pointe de la scie à dos si la planche est posée à plat sur le crochet d'établi. Les lignes obliques du haut peuvent également être sciées tout en étant maintenues enfoncées. sur le crochet d'établi. Une fois le devant, le dos et les côtés réalisés, clouez le dos sur les côtés, mais vissez le devant. Lorsque cela est fait, placez la maison dans l'étau en position verticale et rabotez le dessus des côtés. incliné. Notez qu'un toit est plus large que l'autre. Clouez d'abord le plus étroit, avec le fil allant de l'avant vers l'arrière. Ne pas enfoncer de clous dans l'avant mais clouez-le solidement à l'arrière et sur les côtés. Laisser le rabot reposer sur le de l'autre côté de la maison, rabotez le bord supérieur de ce toit en biais, de manière à ce que l'autre toit s'y adapte. Clouez-le en place, posez tous les clous et rabotez le bord supérieur de ce toit en biais, en laissant le rabot reposer sur le premier toit. . Deux attaches parisiennes peuvent maintenant être enfoncées près du centre du faîtage pour maintenir les toits ensemble. Après avoir fait le sol, placez la maison en position dessus (1/4" de l'arrière, 1/2" des extrémités) et tracez une ligne autour de la maison. Retirez la maison ; enfoncez trois attaches parisiennes directement dans le sol ; retirez-les et démarrez-les par le dessous dans les mêmes trous ; puis remettez la maison en place et ramenez les attaches parisiennes chez elles. Mettez plus d'attaches parisiennes pour maintenir la maison en toute sécurité.

Pour faire la cheminée, sciez une encoche de 3/16" de profondeur au bout d'un bâton carré de 3/4". S'il s'adapte au toit, percez un trou de 5/16" en son centre et sciez la cheminée sur 3/4" de long. Collez-le à 3/8" de l'extrémité avant du toit. Une fois sec, percez le trou à travers le toit. Le dessus de la cheminée avec le goujon qui y est attaché en dessous est fait pour tourner afin que l'hygroscope puisse être ajusté. Pour fabriquer la cheminée en haut, percez un trou de 1/4" dans l'extrémité d'un goujon de 1/2", puis sciez-le de 1/2" et collez le goujon supérieur. Rendez le plateau tournant un peu rond à chaque extrémité. Au centre de celui-ci, collez et clouez le goujon inférieur. Ensuite, peignez la maison si vous le souhaitez. La corde du violon est collée et coincée dans les trous des chevilles supérieure et inférieure afin que le plateau tournant oscille à 3/16" au-dessus du sol.

L'homme et la femme peuvent être en carton, en bois, en argile, en craie ou en plâtre de Paris ; ou ils peuvent être achetés dans un magasin de jouets. Peints de couleurs vives et vernis, ou vernis, ils ont fière allure. Ils peuvent être mis en équilibre sur le plateau tournant en ajoutant un morceau de plomb. Bien entendu, ni eux ni le plateau tournant ne doivent toucher aucune partie de la maison lorsqu'ils se balancent.

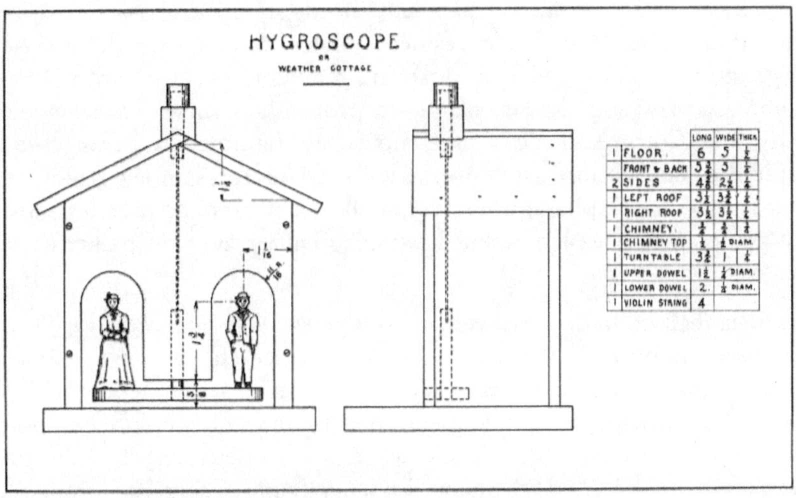

		LONG	WIDE	THICK
1	FLOOR	6	5	½
	FRONT & BACK	5¾	5	½
2	SIDES	4⅛	2½	¼
1	LEFT ROOF	3½	3½	¼
1	RIGHT ROOF	3½	3½	¼
1	CHIMNEY	¾	¾	¾
1	CHIMNEY TOP	½	¼ DIAM.	
1	TURNTABLE	3¾	1	¼
1	UPPER DOWEL	1½	¼ DIAM.	
1	LOWER DOWEL	2.	¼ DIAM.	
1	VIOLIN STRING	4		

HYGROSCOPE OU CHALET MÉTÉO — PLANCHE 17

ÉLECTROPHORE— <u>PLANCHE 18</u> .

L'électrophore se compose de deux parties, une casserole remplie d'un mélange résineux et un couvercle entièrement recouvert de papier d'aluminium. Dans des conditions favorables, une étincelle électrique de 1/2" de long peut être obtenue à partir de cet électrophore. Les conditions favorables sont les suivantes : l'air doit être sec ; les deux parties de l'électrophore doivent être chaudes, sèches et propres ; et le papier d'aluminium et la colophane doit être parfaitement plate, de manière à entrer en contact étroit les unes avec les autres.

Réalisez le moule et ses côtés comme indiqué dans <u>la planche 18</u> . Collez et clouez les côtés et arrondissez bien leurs bords supérieurs avec du papier de verre. Pour faire le mélange résineux, faites fondre une demi-tasse de colophane avec deux cuillères à café de térébenthine et environ la même quantité de paraffine dans un plat assez profond, et versez le mélange dans la casserole. Comme tous ces matériaux sont inflammables, l'endroit le plus sûr pour les faire fondre est peut-être le four. Une fois la poêle froide, testez la surface de la colophane pour voir si elle est plate dans tous les sens. S'il n'est pas plat, poncez lentement les parties hautes avec du papier de verre grossier.

Lors de la réalisation de la couverture, respectez les indications <u>page 20</u> , puis arrondissez le bord pour former un bon demi-cercle. Testez également le couvercle pour voir s'il est plat, surtout sur sa face inférieure , car pour obtenir de bonnes étincelles, le papier d'aluminium et la colophane doivent être aussi rapprochés que possible. Coupez deux cercles de papier d'aluminium de 4-1/2" de diamètre. Lissez-les soigneusement sur une feuille de papier, étalez une fine couche de colle sur le couvercle, posez le papier d'aluminium sur la colle et lissez-le avec les doigts. Appuyez sur les bords aussi lisses que possible. possible car l'électricité s'échappe facilement des coins pointus. Couvrez les grands espaces ouverts avec des morceaux de papier d'aluminium. Le caoutchouc dur (ébonite), non conducteur de l'électricité, constitue la meilleure poignée. Un morceau d'un vieux peigne en caoutchouc ou un stylo-plume peut être utilisé à cette fin.

Pour obtenir une étincelle d'électricité, frottez la colophane avec du cuir souple, de la fourrure ou de la laine ; placez le couvercle dessus; touchez le haut du couvercle avec le doigt (pour éliminer l'électricité négative) ; soulevez le couvercle par le haut de la poignée ; approchez le bord du couvercle d'un doigt ou d'un autre conducteur et une étincelle s'envolera en un clin d'œil. C'est un éclair miniature. Certains livres sur l'électricité décrivent de nombreuses autres expériences qui peuvent être tentées.

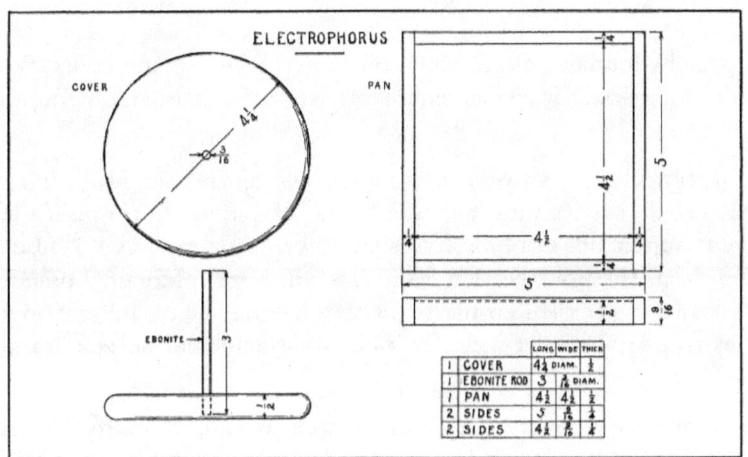

ÉLECTROPHORE — Planche 18

ROUE À EAU— <u>PLANCHE 19</u> .

Cette roue hydraulique est conçue pour être placée dans un cours d'eau. Un auge plus long pourrait bien amener l'eau dans celui-ci afin d'obtenir une plus grande vitesse.

Faites d'abord l'auge, en prenant soin de bien ajuster l'endroit où les côtés clouent vers le bas. Clouez le haut à 5" de l'extrémité où est placée la roue. Les coins supérieurs des blocs d'essieu doivent être coupés à 1". Le centre du trou de 5/16" pour l'essieu est à 7/8" du bord inférieur. Lorsque vous clouez les blocs d'essieu en place, placez une cheville ou un crayon à mine dans les trous pour aider à clouer les blocs exactement en face les uns des autres.

Après avoir scié une planche pour la roue de 4-1/4" carré, dessinez les diagonales et les diamètres (dans le sens des coins et en travers, c'est-à-dire) pour la diviser en huit parties. Dessinez un cercle de 4" pour la roue et un 3-1/4". " pour marquer la profondeur des encoches pour les palettes. Façonnez la roue. (Voir <u>page 20</u> pour les instructions.) Testez-la avec l' équerre pour garder le bord carré avec la surface plane. Percez un trou de 1/4" au centre avec le plus grand soin, sinon la roue vacillera latéralement. Les encoches sont découpées uniquement à la scie à dos. Un huitième de pouce d'un côté des huit lignes traversant le cercle, sciez directement jusqu'au cercle intérieur. Faites attention à maintenir la scie d'équerre avec la roue. Une fois cette coupe à la scie effectuée, mesurez la largeur de l'encoche en tenant le bord d'une palette de manière à recouvrir juste la coupe à la scie et, avec la pointe d'un couteau, faites un point de l'autre côté de la palette. En tenant l' équerre contre un côté de la roue et le bord intérieur de sa lame sur le point, tracez une ligne de couteau sur le bord de la roue. Puis j'ai vu à nouveau tout droit *à l'intérieur* de cette ligne de couteau. Sciez dans les coins plusieurs fois et le bois sera suffisamment enlevé. Il est préférable que les encoches soient trop petites plutôt que trop grandes, car les palettes peuvent être rabotées plus fines pour s'adapter. Nettoyez la roue avec le rabot avant de clouer les palettes. Toutes ces palettes sauf une peuvent être clouées avec la roue maintenue dans un coin de l'étau. Pour clouer celui-ci, placez une fine planche à la verticale dans l'étau et posez la roue sur son dessus. Tous les clous doivent être plantés dans les palettes et non dans la roue.

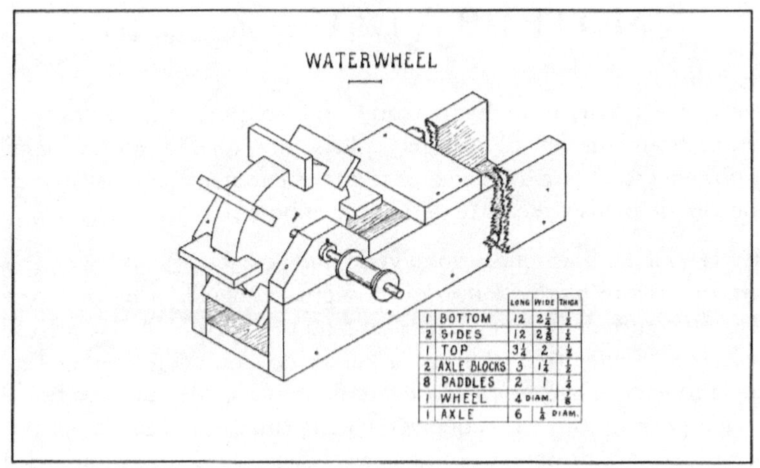

		LONG	WIDE	THICK
I	BOTTOM	12	$2\frac{1}{4}$	$\frac{1}{2}$
2	SIDES	12	$2\frac{3}{8}$	$\frac{1}{2}$
I	TOP	$3\frac{1}{4}$	2	$\frac{1}{2}$
2	AXLE BLOCKS	3	$1\frac{1}{4}$	$\frac{1}{2}$
8	PADDLES	2	I	$\frac{1}{4}$
I	WHEEL	4 DIAM.		$\frac{7}{8}$
I	AXLE	6	$\frac{1}{4}$ DIAM.	

ROUE À EAU — Planche 19

Fabriquez l'essieu en bois dur. Poussez-le à travers les blocs d'essieu et la roue, et verrouillez-le sur la roue avec une attache parisienne, planche 19 . L'essieu est long afin qu'une poulie (bobine) puisse être mise en place et qu'une courroie (ficelle) passe de celle-ci aux autres poulies. Une rondelle en cuir à l'extérieur de chaque bloc d'essieu maintient la roue au centre. Si le travail a été soigneusement effectué, les palettes ne heurteront pas ; s'ils font grève, ils doivent être réduits.

MOTEUR À EAU— <u>PLAQUE 20</u> .

Ce moteur est une roue hydraulique conçue pour un robinet à tuyau ordinaire. Sous un jet d'eau pas plus gros qu'une grosse aiguille, il bourdonnera assez. Si la roue ne tourne pas exactement sur l'essieu, le moteur aura besoin de pieds vissés à l'extérieur de la boîte.

Rendez la roue en bois tendre aussi vraie que possible. (Voir <u>page 20.</u>) Pour l'essieu, une petite tige en laiton ou une grosse aiguille à tricoter peut être utilisée. Au centre de la roue, percez un trou plus petit que l'axe afin de bien serrer la roue. Faites très attention à percer ce trou droit. Forcez l'essieu à travers la roue et, si la roue vacille légèrement, placez des cales en bois à côté de l'essieu pour le forcer à s'équerrer avec la roue. S'il vacille trop, bouchez le trou et réessayez de percer. En reposant l'essieu sur les mâchoires de l'étau, faites tourner la roue rapidement pour voir où elle est fausse et réduisez-la patiemment. Le côté plat de la roue qui vacille peu peut être raboté. La bande de grillage doit maintenant être fixée sur la roue. Il est suffisamment long pour faire deux fois le tour de la roue et doit être cloué avec une douzaine de petits punaises.

Pour des suggestions sur la poulie, voir <u>page 56</u> .

Préparez un bloc de bois tendre pour l'accouplement. À partir de son bas, tracez une ligne marquant la hauteur des queues d'aronde dans lesquelles les blocs C et D s'insèrent à 3/8" de chaque côté. Sciez ces queues d'aronde à 3/16" de profondeur et coupez-les en biais avec un ciseau. Au centre du dessus, percez un trou de 1", 3/4" de profondeur ; continuez le trou à travers le bloc avec un foret de 1/2". Percez des trous à 3/8" du haut, à 1/2" des extrémités pour les deux vis de 1-1/2" qui sont montrées dans le petit dessin, <u>plaque 20</u> . Jaugez et sciez la moitié gauche du bloc (comme indiqué sur la plaque) aussi profondément que le trou de 1". Le but est de permettre un ajustement serré sur les filetages du robinet. Lorsque vous l'essayez pour la première fois sur le robinet, serrez-le fort avec une vis à main pour coincer les filetages dans le bois ; après cela, les vis peuvent être mises en place et le raccord fixé à volonté. Un trou de 1/4" est percé dans la cheville de 1/2", qui sert de buse, jusqu'à ce que l'éperon se montre. Sans laisser la mèche percer plus loin, tournez-la suffisamment pour que l'éperon use le bois et fasse ainsi un trou effilé comme indiqué sur les dessins en coupe.

Préparez les côtés, les extrémités et le dessus de la boîte, les trois blocs, la cale et les deux butées. Le coin doit être 1/16" plus large à une extrémité que l'autre et doit s'adapter à la queue d'aronde. Le bloc C doit s'adapter à l'autre. Dans la pièce supérieure, percez un trou de 3/4" au milieu à 1-1/4" de l'extrémité. Ce trou est plus grand que la buse pour permettre les réglages. Toutes ces pièces doivent maintenant être bien imbibées de paraffine. Faire fondre la paraffine, l'appliquer avec un pinceau sur toutes les surfaces et l'enfoncer à chaud. Pendant le processus, La buse peut être fixée dans l'accouplement, en utilisant beaucoup de paraffine pour la rendre étanche. Veiller à ce que la petite sortie occupe la meilleure position pour diriger l'eau sur la roue. Une fois que la buse est à nouveau froide, la sortie doit être soigneusement travaillée. ressortez-le avec la pointe chaude d'une grosse épingle à chapeau ou d'un fil de fer, limé jusqu'à un bon point.

Assemblez les pièces comme suit : Clouez un côté (le droit dans la plaque) jusqu'aux extrémités ; vissez l'autre côté aux extrémités ; clouer le dessus jusqu'aux extrémités et sur le premier côté seulement ; bloc de clous B à A ; puis A vers le haut. Dévissez le côté et percez les trous au centre des côtés pour l'essieu. Ajustez-les bien, puis imbibez-les de paraffine. Mettez la roue, le côté, la poulie et les butées en place. Placez l'accouplement dans une position telle que la buse passe sur la jante de la roue et clouez le bloc C. Après avoir mis deux ou trois rondelles en cuir souple dans l'accouplement, vissez-le au robinet, verrouillez-le sur le moteur et le moteur est prêt.

De meilleurs roulements pour l'essieu peuvent être constitués de deux morceaux de soudure vissés à l'intérieur des côtés. Si de tels trous sont réalisés, les trous sur les côtés doivent être suffisamment grands pour ne pas toucher l'essieu. La roue et la poulie peuvent être verrouillées sur un axe en laiton en perçant un trou dans l'axe avec une perceuse constituée d'une aiguille. (Voir Forets, page 11.)

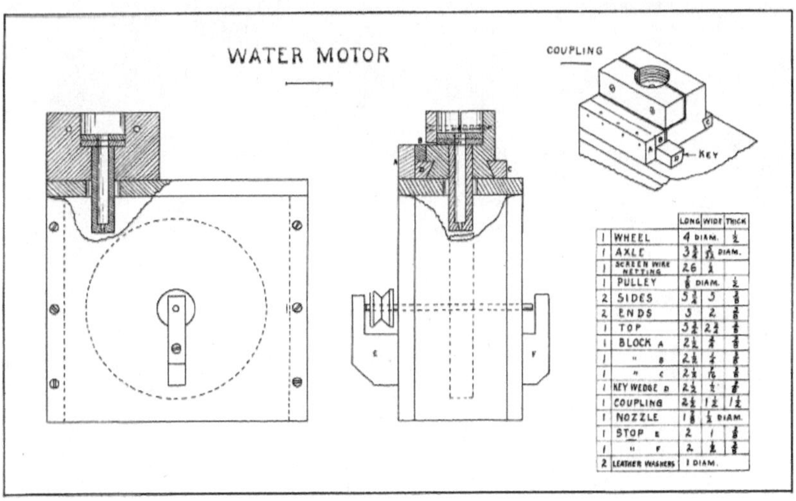

		LONG	WIDE	THICK
1	WHEEL	4 DIAM.		½
1	AXLE	3¾	5/32 DIAM.	
1	SCREEN WIRE NETTING	26	½	
1	PULLEY	⅞ DIAM.		½
2	SIDES	5¾	5	⅜
2	ENDS	5	2	⅜
1	TOP	5½	2½	⅜
1	BLOCK A	2½	¾	⅜
1	" B	2½	¼	⅜
1	" C	2½	1/16	⅜
1	KEY WEDGE D	2½	½	⅞
1	COUPLING	2½	1½	1½
1	NOZZLE	1⅜	½ DIAM.	
1	STOP E	2	1	⅛
1	" F	2	½	⅝
2	LEATHER WASHERS	1 DIAM.		

- 56 -

ROUE À SABLE— PLANCHE 21.

Le sable fin fera tourner une roue comme celle-ci de manière animée. La plupart des pièces sont faciles à réaliser, la roue présentant le plus de difficultés.

Comme le montre le dessin, il se compose de deux boîtes, de montants reliant les deux et d'une roue avec des palettes basculées sur un essieu entre les montants.

Pour faire les courbes sur les montants, posez-les bord à bord dans l'étau et enfoncez l'éperon d'un gros foret dans la fissure, à 1-1/2" de chaque extrémité. Si une grosse bobine ne peut être obtenue pour la roue, rabotez sortez un bloc octogonal de 1-3/8" de long et 1" de diamètre. La partie inclinée de la bobine doit être taillée. Divisez une extrémité en huit parties égales et tracez des lignes dans le sens de la longueur sur la bobine à chaque division. Sur ces lignes, mesurez très soigneusement à 11/16" d'une extrémité. Ensuite, en maintenant la bobine au niveau de l'étau, percez des trous de 3/16" à moitié à travers la bobine au niveau de chacun de ces points. La façon la plus simple de disposer les palettes est d'en faire une longue pièce, comme indiqué sur la

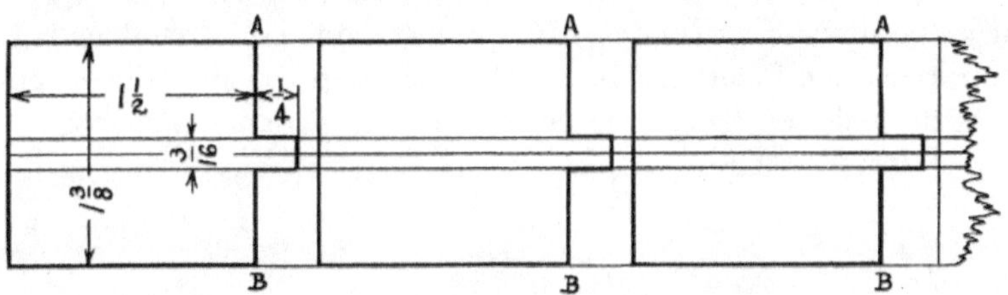

figure 4. Si les lignes A et B sont sciées avec soin (voir page 12) elles s'adapteront assez bien à la bobine pour être collées. Les tiges des palettes vont dans les trous percés dans la bobine. On les arrondit facilement en coupant un peu les coins, puis en les vissant autour un trou de 3/16" dans un morceau de bois dur. Les extrémités des palettes où le sable frappe sont biseautées sur la face inférieure . Les trous dans les montants, à travers lesquels les attaches parisiennes de 1-1/4" sont poussées au centre de la bobine, doivent être exactement opposés les uns aux autres, à 3-1/4" du bas. Des petites rondelles de cuir doivent être placées entre la bobine et les montants.

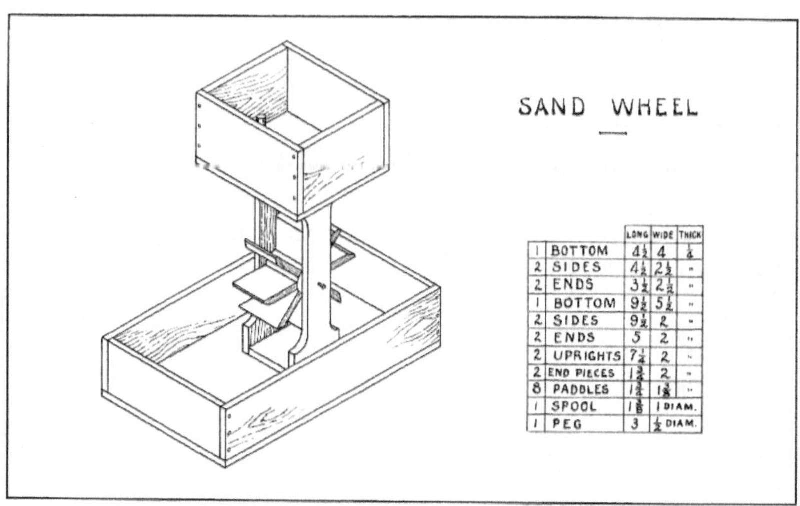

		LONG	WIDE	THICK
1	BOTTOM	$4\frac{1}{2}$	4	$\frac{1}{4}$
2	SIDES	$4\frac{1}{2}$	$2\frac{1}{2}$	"
2	ENDS	$3\frac{1}{2}$	$2\frac{1}{4}$	"
1	BOTTOM	$9\frac{1}{2}$	$5\frac{1}{2}$	"
2	SIDES	$9\frac{1}{2}$	2	"
2	ENDS	5	2	"
2	UPRIGHTS	$7\frac{1}{4}$	2	"
2	END PIECES	$1\frac{3}{4}$	2	"
8	PADDLES	$1\frac{3}{8}$	$1\frac{1}{8}$	"
1	SPOOL	$1\frac{5}{8}$	1 DIAM.	
1	PEG	3	$\frac{1}{2}$ DIAM.	

ROUE À SABLE — Planche 21

Maintenant, fabriquez les boîtes. Pour clouer les boîtes au montant , suivez les suggestions de <u>la page 59</u> pour clouer le plancher du chalet météo. Gardez les attaches parisiennes près du centre des montants pour éviter qu'elles ne divisent les courbes. Un trou de 5/16" pour le sable est percé dans la boîte supérieure dans une position telle que le sable frappera près du milieu des extrémités des palettes. La cheville est effilée pour s'adapter à ce trou.

ROUE DE ROULEMENT— <u>PLANCHE 22</u> .

C'est très amusant pour plusieurs garçons de courir dans la rue avec des roues roulantes. Chaque garçon peut avoir un type de roue différent en suivant les suggestions de <u>la planche 22</u> .

La roue peut avoir n'importe quelle taille convenable. Sciez une planche d'équerre et rabotez-la à plat. Pour être sûr qu'il est plat, il faut le tester avec une règle droite d'un coin à l'autre, en travers et en longueur. Dessinez le cercle avec une ficelle épinglée au centre, si une grande boussole n'est pas à portée de main. Sciez-le avec une scie tournante et terminez-le comme suggéré à <u>la page 20</u> . Percez et fraisez un trou au centre pour une vis à tête plate de 1-1/2". Réalisez la poignée et percez un petit trou à l'endroit où la roue doit être vissée. Arrondissez l'extrémité supérieure et les bords de la poignée. pour qu'il soit agréable à la main de le saisir. Les vis utilisées dans la bielle doivent glisser facilement à travers les trous à chaque extrémité. Même si un bras fera l'affaire, deux seront plus beaux. Pour dessiner le garçon, dessinez autant de 3/4" carrés sur le tableau comme il y en a sur <u>la figure 5</u> , puis dessinez le contour un carré à la fois. Pour le découper , une scie à chantourner ou une scie tournante est presque sûrement nécessaire, même si un garçon patient peut le faire avec des forets, une scie à dos, un couteau et une lime - les forets à utiliser en premier dans tous les angles intérieurs. . Sur le manche, il faut mettre un bloc sur lequel visser le garçon. Pour fixer les deux bras sans serrer au niveau des épaules, la vis doit être desserrée dans l'épaule et le premier bras, et serrée dans le deuxième bras. Il en va de même pour les mains et le mât du drapeau. Au sommet du mât du drapeau, percez un trou pour y insérer un petit drapeau. La peinture de couleurs vives rend le modèle beaucoup plus agréable.

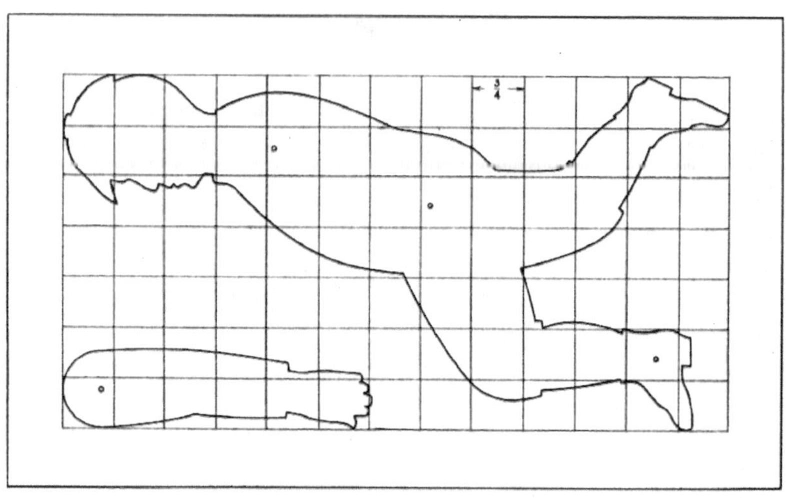

Figure 5

Un moyen simple de réaliser la partie coulissante de la roue inférieure droite, planche 22 , consiste à découper avec un foret et un burin une fente étroite dans la poignée, suffisamment large pour deux vis, avec des rondelles dessus, qui se vissent dans le bloc tenant le drapeau.

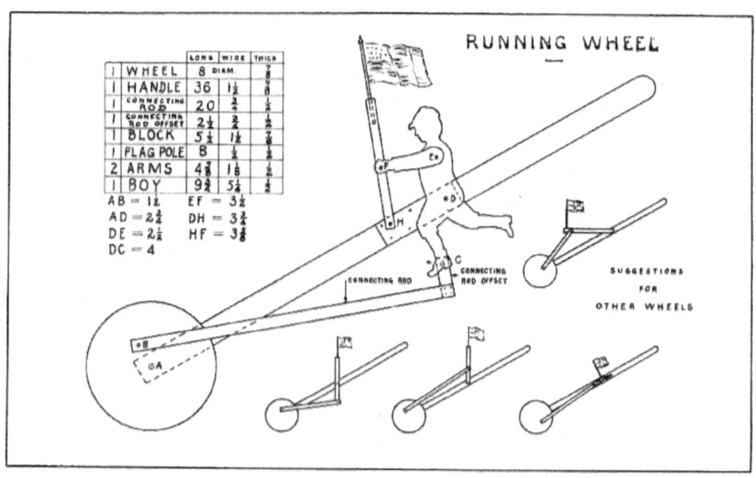

ROUE DE ROULEMENT — Planche 22

HOCHET— .

C'est un jouet bruyant et constituera un substitut sûr aux pétards le 4 juillet. Certaines dimensions peuvent être modifiées pour s'adapter à la bobine que l'on peut obtenir. Il doit s'agir d'une bobine assez profonde, c'est-à-dire qui contient beaucoup de fil.

Le bruit est produit par le ressort qui casse les lattes de la bobine lorsque la tête du hochet tourne en rond. Tracez des lignes sur une extrémité de la bobine pour la diviser en huit parties égales. Placez la bobine par le bout dans l'étau et, avec la scie à dos, coupez huit encoches d'un peu plus de 1/16" de large tout droit vers le côté opposé de la bobine. En sciant deux fois à chaque encoche, le bois qui reste peut facilement être retirées avec la scie tenue en biais. Il existe plusieurs façons de fabriquer les huit petites lattes qui s'insèrent dans ces encoches ; la plus simple, peut-être, est de les séparer d'un bloc (1-5/8" × 1-1/2" × 5/16") d'un bois à grain droit, et rabotez-les sur le gabarit décrit au bas de la page 19. Collez-les dans les encoches. Rabotez le dos et le ressort de la même façon. Équerrez les deux extrémités du dos, mais ne le rabotez pas complètement à la largeur jusqu'à ce qu'il soit collé et cloué en place. Dans les deux côtés, percez un trou de 5/16" pour le goujon, à 3/4" de l'extrémité et à un peu plus de 3/4" du bord arrière. (Les trous sont toujours situés par leur centre.) Ce goujon doit s'adapter fermement dans la poignée et la bobine, et sans serrer des deux côtés. Planifiez le ressort plus fin à l'extrémité la plus étroite. Il doit être suffisamment étroit et ses coins coupés suffisamment pour ne pas toucher la bobine lorsqu'elle se casse. La poignée pourrait bien être octogonale plutôt que ronde.

Les pièces peuvent maintenant être assemblées comme suit : Collez et clouez les côtés d'abord sur l'extrémité épaisse, puis sur l'extrémité fine. La distance entre les extrémités à l'intérieur est de 3-5/16". Gardez ces quatre parties à plat sur les bords arrière afin que le dos s'adapte. Collez et clouez le dos. Collez la cheville dans la poignée. Mettez de la colle à l'intérieur de la bobine et sur la partie centrale de la cheville, puis, avec la bobine entre les deux côtés, poussez la cheville à travers les trois trous. Collez et clouez le ressort en place. Il doit être aussi loin que possible vers la bobine sans casser la latte suivante. quand il se détache d'une latte.

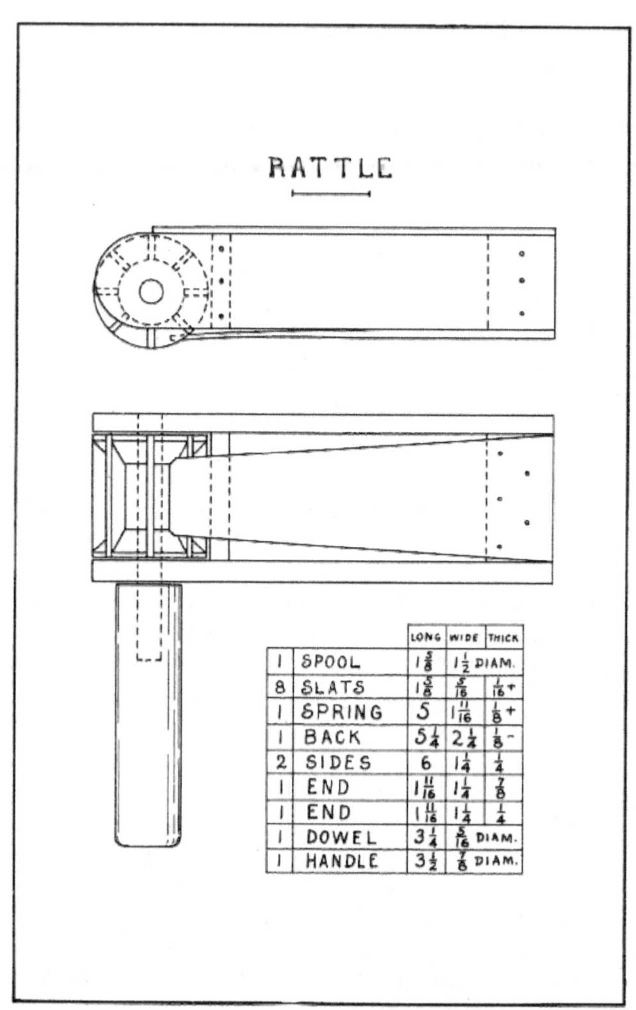

		LONG	WIDE	THICK
1	SPOOL	$1\frac{3}{8}$	$1\frac{1}{2}$ DIAM.	
8	SLATS	$1\frac{5}{8}$	$\frac{5}{16}$	$\frac{1}{16}$+
1	SPRING	5	$1\frac{11}{16}$	$\frac{1}{8}$+
1	BACK	$5\frac{1}{4}$	$2\frac{1}{4}$	$\frac{1}{8}$-
2	SIDES	6	$1\frac{1}{4}$	$\frac{1}{4}$
1	END	$1\frac{11}{16}$	$1\frac{1}{4}$	$\frac{7}{8}$
1	END	$1\frac{11}{16}$	$1\frac{1}{4}$	$\frac{1}{4}$
1	DOWEL	$3\frac{1}{4}$	$\frac{5}{16}$ DIAM.	
1	HANDLE	$3\frac{1}{2}$	$\frac{7}{8}$ DIAM.	

HOCHET — Planche 23

PANIER— PLANCHE 24.

Les caractéristiques importantes d'un chariot sont les roues, l'essieu et le timon ; si celles-ci sont solides et si la langue est solidement fixée, presque n'importe quelle boîte fera l'affaire pour le corps. Deux languettes, clouées ou vissées sur les côtés du corps, constituent probablement la poignée la plus solide, mais elles ne sont pas aussi belles que celle représentée sur la planche 24. Si celle-ci est vissée à la boîte avec six vis de 1", deux dans la languette et deux dans chaque bloc, elle sera assez solide. Certaines des plus belles boîtes à fixer chez un épicier feront l'affaire pour un corps, même si c'est le cas. mieux vaut se faire soi-même.

Quatre roues de bois dur de 1/2" doivent être fabriquées (voir page 20), puis chacune des deux roues collées et clouées ensemble très solidement avec le fil en travers. À cette fin, des clous de 1-1/4" ou des clous à clin sont meilleurs. Ne les conduisez pas trop près du centre ni de la jante. Pour serrer les clous, il faut les enfoncer sur un morceau de fer. Une fois cela fait, un trou de 7/8" (ou plus si vous pouvez obtenir un bâton plus grand pour l'essieu) est percé directement au centre. Pour couper les extrémités cylindriques de l'essieu, tracez d'abord un cercle de 7/8" à le centre de chaque extrémité, puis disposez et sciez deux pièces rectangulaires, une de chaque côté des cercles de manière à laisser une épingle carrée de 7/8", de 2-1/4" de long. Continuez à fabriquer ces épingles ; premièrement, à huit côtés ; puis, à seize côtés ; puis, rond ; à l'aide d'un couteau ou d'un ciseau et d'une lime plate grossière. Faire le trou dans les rondelles avant de couper chaque coin 9/16". Ces rondelles doivent être fixées à l'essieu lorsqu'elles sont maintenues assez bien contre la roue avec deux vis de 1" placées transversalement au fil. Avant de monter les roues pour la dernière fois, frottez bien les axes et les trous avec du savon dur pour faciliter leur fonctionnement. Tracez une ligne à travers le bas du corps à 5" de l'extrémité arrière et percez quatre trous de vis à travers le fond ; fraisez-les bien à l'intérieur du corps et insérez des vis de 1" dans le côté plat de l'essieu. L'essieu est prévu de manière à ce que les roues passent à moins de 1/8" de la carrosserie.

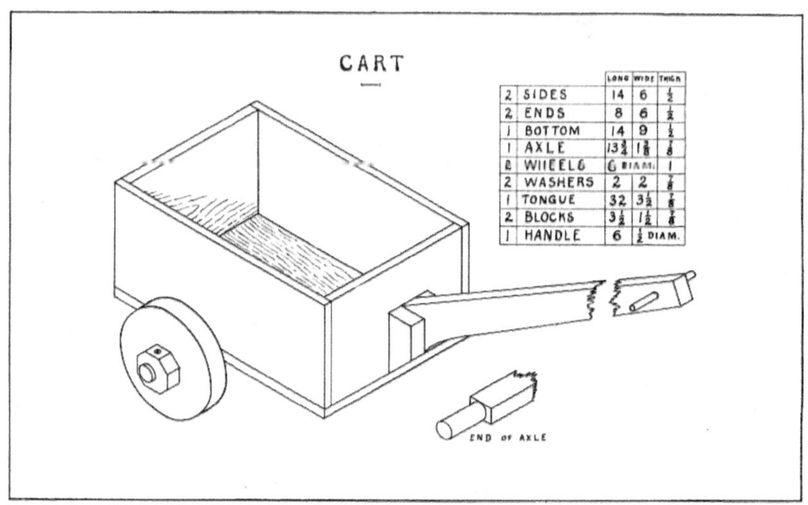

CHARIOT — Planche 24

Avec un bord inférieur incurvé, la langue mesure 2-1/2" de large à une extrémité et 1-1/2" à l'autre. Pour obtenir la bonne inclinaison à l'extrémité large, bloquez le niveau du chariot, demandez à quelqu'un (ou à l'étau) de maintenir la langue dans la position souhaitée une fois terminé, puis avec une bande de bois d'environ 2" de large placée verticalement contre l'avant du le corps, tracez une ligne sur la langue. Depuis le coin le plus bas de la langue, tracez une autre ligne parallèle à la première et sciez. Après avoir réalisé les deux blocs et les avoir solidement fixés à la langue, sciez les extrémités inférieures au ras du courbe de la languette. Placez la languette en position, tracez une ligne autour d'elle sur le corps, puis percez des trous là où les vis entreront le mieux dans la languette et les blocs. Six vis de 1" bien fraisées maintiendront la languette en toute sécurité. La languette étant fixée à l' *avant* , les côtés et le bas doivent y être bien *cloués* ; ou bien, les coins peuvent être renforcés avec un morceau d'étain à l'intérieur et à l'extérieur de chaque coin, cloués ou rivetés ensemble. Chaque morceau de boîte doit mesurer environ 3" carrés.

Un morceau de vieux cadre de vélo enfoncé fermement dans le trou d'une roue le rend très durable. Un tel trou devrait sans doute être percé avec un foret expansif. Un cadre de vélo se lime facilement en deux à une certaine distance des joints renforcés. Une telle pièce doit être plus longue que l'épaisseur de la roue pour permettre de la limer à ras après son enfoncement. Pour la forcer, utilisez un étau solide ou, après l'avoir protégée avec du bois dur, enfoncez-la lentement avec un marteau lourd.

Les petits chariots peuvent être fabriqués avec des roues constituées de bobines comme celles du canon. (Voir planche 25 .)

Ce canon tirera très bien des petites billes. La force de celui-ci dépend bien entendu de la résistance des élastiques. Parce que la baguette et la poignée sont plutôt lourdes, une cheville solide est placée à travers la poignée et la baguette. La rondelle en caoutchouc absorbe une partie des chocs.

Pour le canon, tracez un cercle de 1-1/4" sur une extrémité d'un bâton de 6-1/2" × 1-1/2" × 1-1/2". À partir du centre de ce cercle, percez un trou de 9/16" directement à travers le bâton dans le sens de l'extrémité, en vous arrêtant dès que l'éperon passe à travers. Placez l'aiguille de la boussole dans ce trou d'éperon et tracez un cercle de 1" et, si possible, un cercle de 1-1/4" ; puis terminez l'alésage.

Rabotez le bâton autour du cercle de 1-1/4". Pour maintenir le bâton tout en faisant cela, passez une tige dans le trou, ouvrez l'étau de 6-1/2" et laissez le canon reposer dans le sens de l'extrémité dans l'étau. À deux pouces et demi de l'extrémité culasse du canon, tracez une ligne autour pour limiter la conicité de l'extrémité de la bouche. Planez la bouche jusqu'au cercle de 1". À deux pouces de la culasse, percez un trou de 3/8" directement à travers le canon ; et dans ce trou, collez l'essieu. Une fois la colle sèche, percez à nouveau le canon et poncez bien le trou.

Faites en sorte que la baguette s'insère sans serrer dans le canon. (Voir les instructions pour Dart, page 16.) Fabriquez le manche de la même manière que le canon, sauf qu'après avoir dessiné le cercle de 1-1/4" à l'extrémité où l'éperon vient d'apparaître, le trou n'est *pas* percé . Collez la baguette en place et fixez-la avec la cheville de 3/8". L'encoche incurvée dans laquelle sont attachés les élastiques peut être travaillée patiemment avec une lime ronde, en découpant d'abord une encoche en forme de V avec un couteau. Parez les coins et poncez bien toutes les pièces.

La rondelle en caoutchouc peut être constituée d'un vieux talon en caoutchouc. Pour y percer un trou, serrez-le entre deux planches et percez les deux ensemble.

Au moins un des montants doit être vissé au socle. Le premier peut être cloué. Collez et clouez celui-ci à 1/4" du bord de la base. Maintenez l'autre en place et tracez une ligne autour. Percez des trous pour les vis, placez les vis dans les trous et appuyez sur le montant dessus pour marquer l'emplacement. pour percer le montant. Après avoir percé les montants, mettre le canon et le montant en place, et serrer les vis. Les roues peuvent être constituées des extrémités de grosses bobines, bien fraisées pour une vis courte et grosse.

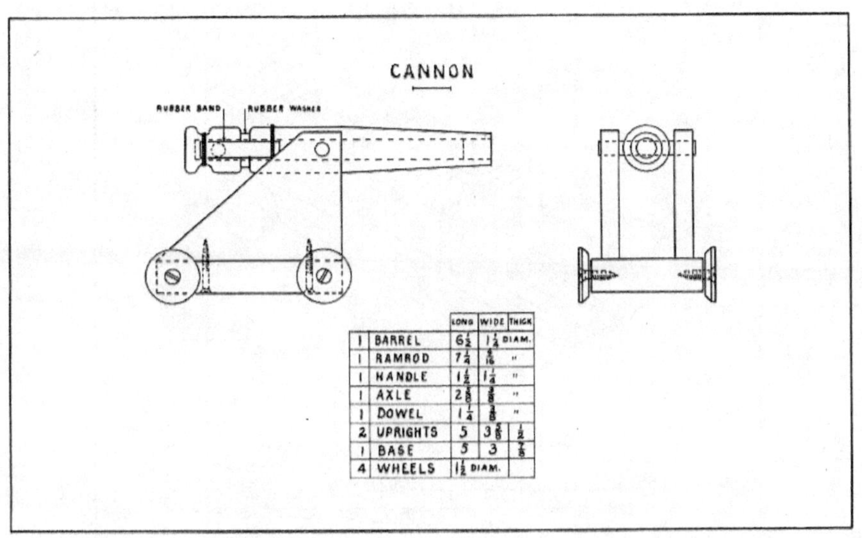

		LONG	WIDE	THICK
1	BARREL	$6\frac{1}{2}$	$1\frac{1}{4}$ DIAM.	
1	RAMROD	$7\frac{1}{4}$	$\frac{4}{16}$	"
1	HANDLE	$1\frac{1}{2}$	$1\frac{1}{4}$	"
1	AXLE	$2\frac{5}{8}$	$\frac{5}{8}$	"
1	DOWEL	$1\frac{1}{4}$	$\frac{3}{8}$	"
2	UPRIGHTS	5	$3\frac{5}{8}$	$\frac{1}{2}$
1	BASE	5	3	$\frac{7}{8}$
4	WHEELS	$1\frac{1}{2}$ DIAM.		

CANON — PLANCHE 25

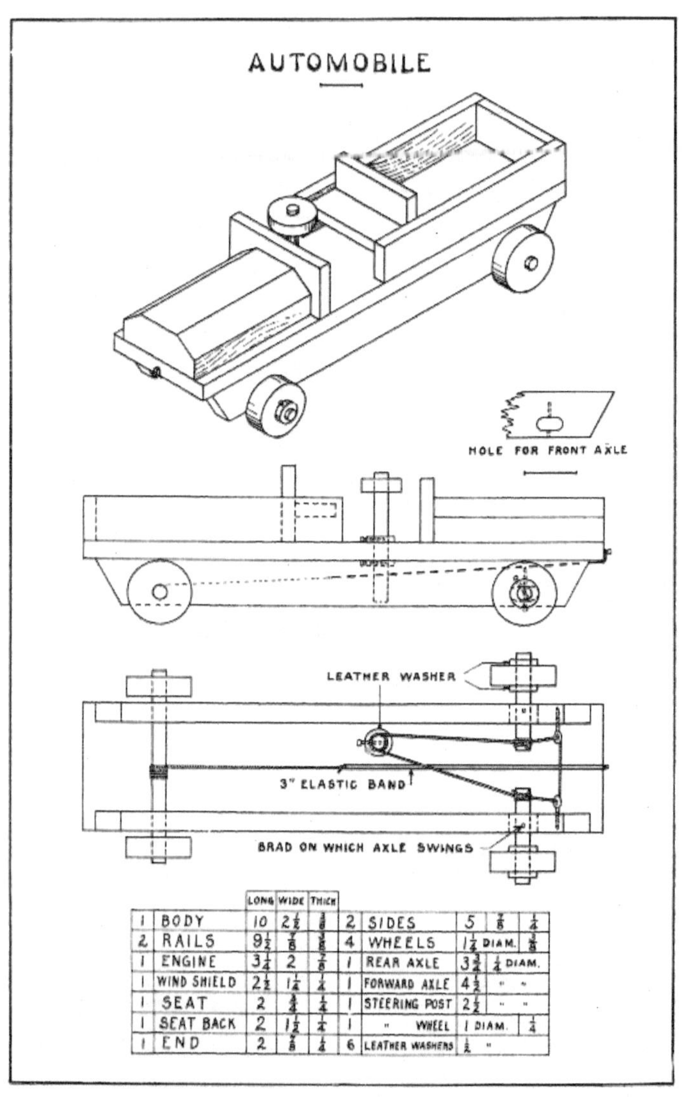

		LONG	WIDE	THICK					
1	BODY	10	2½	⅜	2	SIDES	5	⅞	¼
2	RAILS	9½	⅞	⅜	4	WHEELS	1½ DIAM.		⅜
1	ENGINE	3¼	2	⅞	1	REAR AXLE	3¾	¼ DIAM.	
1	WIND SHIELD	2½	1¼	¼	1	FORWARD AXLE	4½	"	"
1	SEAT	2	¾	¼	1	STEERING POST	2½	"	"
1	SEAT BACK	2	1½	¼	1	" WHEEL	1 DIAM.		¼
1	END	2	⅞	¼	6	LEATHER WASHERS	½	"	

AUTOMOBILE — Planche 26

AUTOMOBILE— <u>PLAQUE 26</u> .

Même si le moteur (un élastique) qui fait avancer cette automobile est une affaire de courte durée, néanmoins, si les roues roulent facilement, elle parcourra seule une courte distance sur un plancher en bois. Un élastique plus résistant peut être utilisé si l'automobile porte une charge. Si les pièces sont peintes avec des couleurs vives avant d'être entièrement assemblées, l'automobile aura une très belle apparence.

Commencez par faire le corps, puis à 4-1/4" de l'avant et à 3/4" du côté droit, percez un trou de 1/4" dans le corps pour le poste de direction. Celui-ci doit être bien ajusté afin de maintenir Les roues dans la position souhaitée. Des rondelles de cuir sont clouées sur le poteau près de la carrosserie. Le poteau de direction doit être mis en place avant que d'autres pièces ne soient fixées à la carrosserie.

Les extrémités des rails qui sont ensuite fixés au bas de la carrosserie sont inclinées de 1/2". Le centre des trous pour les essieux est à 3/4" au-delà de cette ligne inclinée et à 1/4" au-dessus du bord inférieur du Lors du perçage de ces trous de 1/4", les rails doivent être serrés ensemble de manière à ce que les trous soient exactement opposés les uns aux autres. Les trous avant sont longs pour permettre aux essieux de osciller d'avant en arrière. Pour faire ce trou, deux trous de 1/4" sont percés côte à côte et le haut et le bas sont lissés avec un ciseau de 1/4". Lorsque vous clouez la carrosserie aux rails, placez l'essieu arrière à travers les trous pour les maintenir face à face.

L'essieu avant est réalisé d'une seule pièce et conservé ainsi jusqu'à ce que le « câble » de direction soit en place. L'essieu doit être maintenu soigneusement en place pendant que les trous des attaches sont percés à 1/8" du bord extérieur des rails et directement au centre de l'essieu. Une attache parisienne bien ajustée est enfoncée dans ce trou. Le câble de direction ne doit pas s'étirer. ; un gros fil dur convient. Enroulez fermement un morceau d'environ 18" de long autour de l'essieu à environ 1/4" d'un rail et attachez-le. Passez une extrémité à travers les petits œillets à vis illustrés dans le dessin du bas et enroulez-le autour. l'essieu près de l'autre rail en ne laissant aucun jeu dans les œillets de vis ; puis enroulez doucement six à huit tours autour du poste de direction et fixez l'extrémité au début avec plusieurs demi-attaches. (Voir <u>planche 15.</u>) Un filetage séparé devrait être attaché autour de l'essieu et du câble de direction en deuxième lieu. S'il y a du jeu, il peut être rattrapé en posant un fil en forme de V sur le câble de direction près de l'essieu et en passant les deux extrémités sur la partie supérieure de l'essieu. , et en les attachant sur le câble de direction de l'autre côté de l'essieu. Cela tend à rassembler le câble de direction au-dessus de l'essieu.

Les roues peuvent être sciées à partir de courtes longueurs de tringles à rideaux, obtenues dans un magasin de meubles. Les trous 1/4" pour l'essieu doivent être percés exactement au centre. Les roues doivent tourner librement sur l'essieu avant, mais être collées sur l'essieu arrière, qui doit lui-même tourner librement dans les rails. Une fois les roues en place À cet endroit, l'essieu avant peut être scié en deux avec une scie arrière, en utilisant des courses très courtes, et en sciant deux coupes presque à travers avant que l'une ou l'autre ne soit complètement sciée.

Clouez le pare-brise au moteur, puis collez les deux sur la carrosserie. Clouez le dossier au siège de manière à ce que le haut du siège soit à 3/4" au-dessus de la caisse, puis clouez les deux côtés jusqu'au bout ainsi qu'au dossier et à l'assise. Collez le tout à la carrosserie. Clous peuvent être conduits à travers la carrosserie jusqu'au moteur, au dossier du siège et à l'extrémité, si des précautions sont prises pour les localiser.

Une extrémité de la bande élastique (moteur) est attachée avec un peu de ficelle à une attache parisienne enfoncée dans l'extrémité avant de la carrosserie de l'automobile. À l'autre extrémité de la bande élastique est attaché un morceau de ficelle d'environ 8" de long. Celui-ci est placé juste sous le corps et au-dessus du câble de direction et enroulé deux ou trois fois étroitement autour de l'essieu arrière et attaché. La ficelle et la bande élastique doit être simplement droit, l'élastique ni tendu ni lâche. Pour remonter le moteur, déplacez l'automobile vers l'arrière sur le sol et maintenez les roues arrière jusqu'à ce que vous soyez prêt à lâcher l'automobile.

Pour le tir sur cible dans la maison, c'est un bon jouet. Avec des flèches bien faites et un bon arc, il tirera très bien.

Fabriquez un bon arc en rotin ou en autre bois dur. Un vieux rayon de roue de voiture pourrait sans aucun doute être obtenu auprès d'un forgeron ou d'un charron, et un tel rayon en hickory ferait un bon arc. Fabriquez l'arc comme celui montré sur la planche 8 , sauf qu'il doit être rond au centre pour s'adapter au trou de 3/8" du pistolet. La corde de l'arc doit être une corde dure afin qu'elle glisse facilement des encoches du pistolet. canon lorsque la gâchette est enfoncée.

Avant de façonner le pistolet, faites la rainure au centre d'un bord de la planche. Cela doit être fait avec un rabot rond de 3/8". Cela peut cependant être fait avec l'outil illustré à la Fig. 6 , une gouge et une lime ronde. Cet outil ressemble beaucoup à celui décrit à la page 41. mais un clou plus gros est utilisé. Faites la rainure de 7/32" de profondeur ; tracez une ligne à 3/16" de chaque côté de la planche ; utilisez ensuite la gouge à l'intérieur de ces lignes et aussi profondément que la rainure. Lorsque le gougeage est bien réalisé, lissez la rainure avec une lime ronde ou du papier de verre grossier enroulé autour d'un crayon.

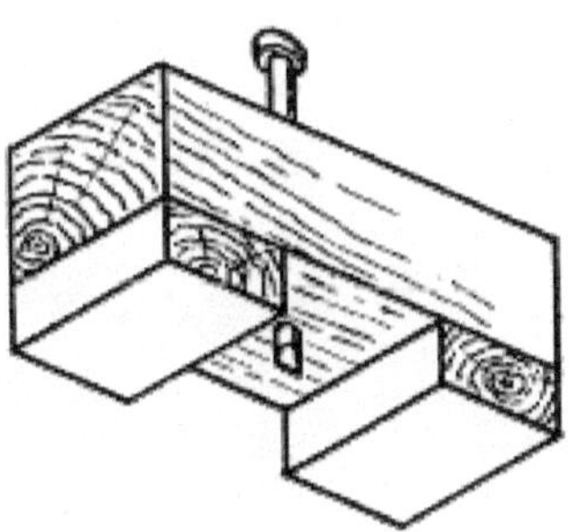

Figure 6

Dessinez et façonnez le pistolet. Faites le bord inférieur du canon en demi-rond. Bien poncer. Fabriquez la gâchette en bois dur et vissez-la sur le pistolet. La forme de l'encoche à côté de la gâchette est très importante mais la forme de l'autre ne l'est pas. Cependant, les deux encoches doivent être si lisses et bien arrondies qu'elles ne risquent pas d'endommager la corde de l'arc. Ils ne doivent pas être plus profonds que la moitié de la profondeur de la rainure.

Les flèches sont fabriquées rapidement en sciant de longues bandes de bois à grain droit, d'un carré de 3/16", en rabotant les coins et en les ponçant; puis en les coupant à 5" de long, en fendant les extrémités (voir page 16), en insérant un papier 1" × 1 /2" et attachez l'extrémité avec du fil.

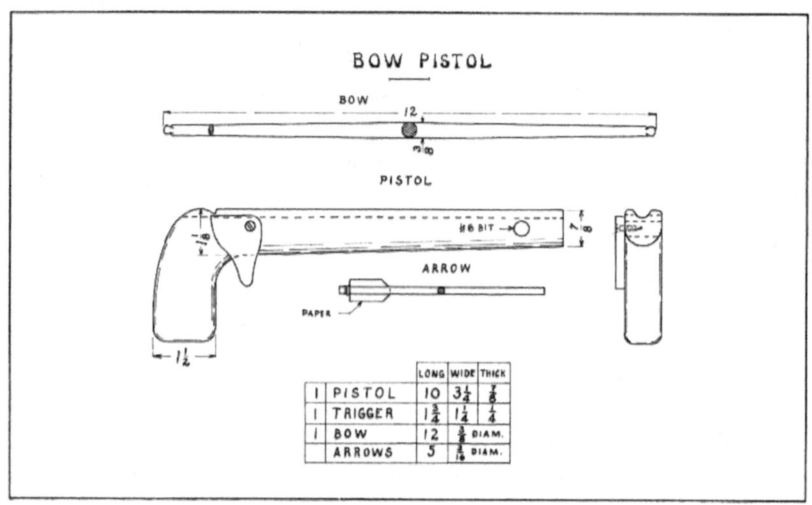

		LONG	WIDE	THICK
I	PISTOL	10	$3\frac{1}{4}$	$\frac{7}{8}$
I	TRIGGER	$1\frac{3}{4}$	$1\frac{1}{4}$	$\frac{1}{4}$
I	BOW	12	$\frac{3}{8}$ DIAM.	
	ARROWS	5	$\frac{3}{16}$ DIAM.	

PISTOLET À ARC — PLANCHE 27

PISTOLET ÉLASTIQUE— .

Si un cordon élastique pour porte-monnaie d'environ 5/16" de diamètre et 18" de long est utilisé sur ce pistolet, il tirera de la chevrotine, des pois, des petites flèches, etc., avec une force considérable ; en fait, si la corde est attachée suffisamment en avant, il faudra toute la force d'un garçon pour ramener le cavalier vers le crochet. Le pistolet peut être en pin, en bois blanc ou en épicéa transparent.

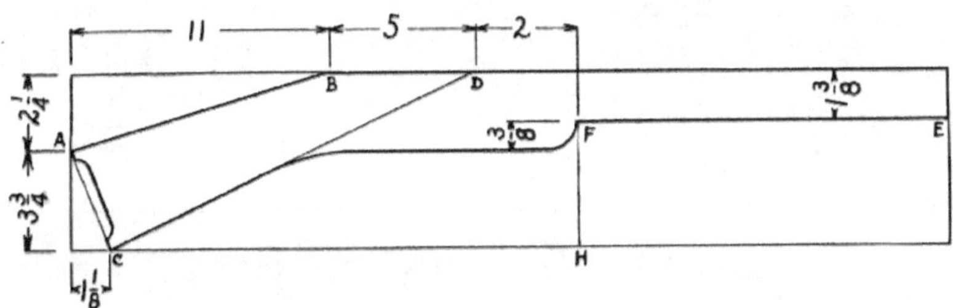

Pour disposer le pistolet (voir Fig. 7), dessinez d'abord AB, puis AC, puis mesurez BD et dessinez CD ; mesurez ensuite la largeur du canon et dessinez EF ; ajoutez 3/8" en dessous pour la crosse du pistolet, et enfin dessinez les courbes à main levée. Pour le scier, déchirez-le d'abord le long de EF, puis coupez-le en croix à HF, puis déchirez-le jusqu'à la courbe le long de CD, puis le long du côté inférieur de la crosse du pistolet pour rejoindre CD, enfin le long de A B. Bien sûr, aucun de ces sciages ne doit toucher les lignes. Planez jusqu'à ces lignes autant que possible, puis utilisez le porte-rayons. La courbe et le coin en F doivent Le bord inférieur de la crosse et du canon est fait en demi-cercle, mais le bord supérieur, surtout là où le ressort est vissé, n'est que légèrement rond. La courbe à la crosse de la crosse doit être découpé à la scie tournante, et arrondi avec une lime demi-ronde. La rainure peut être pratiquée comme dans le pistolet à arc. (Voir page 86.)

Toutes les parties du pistolet doivent être bien poncées, en particulier là où l'élastique frottera sur le canon.

Faites la gâchette du bois dur.

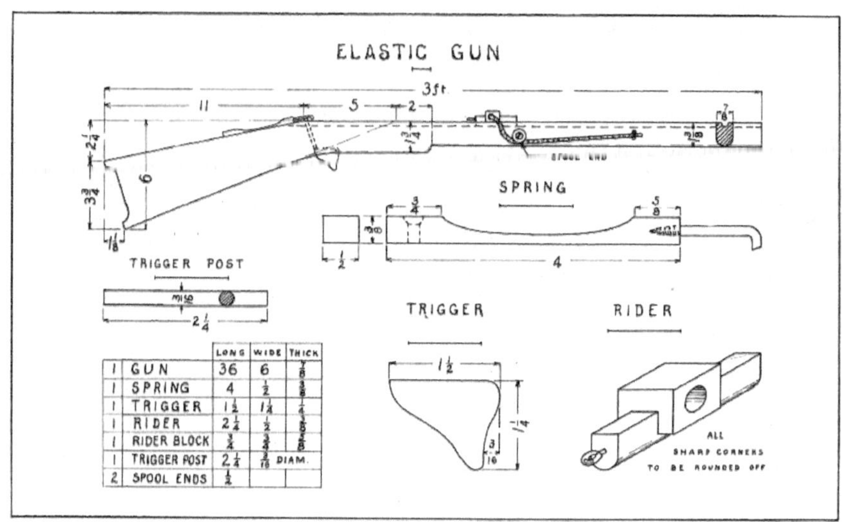

		LONG	WIDE	THICK
1	GUN	36	6	7/8
1	SPRING	4	1/2	3/8
1	TRIGGER	1 1/2	1 1/4	1/4
1	RIDER	2 1/4	1/2	5/8
1	RIDER BLOCK	3/4	3/4	5/8
1	TRIGGER POST	2 1/4	3/16 DIAM.	
2	SPOOL ENDS	1/2		

PISTOLET ÉLASTIQUE — PLANCHE 28

Percez un trou de 1/4" pour la tige de déclenchement à environ 3/4" de l'extrémité arrière de la rainure, en l'inclinant vers l'avant d'environ 3/4". Rendre ce trou aussi lisse que possible. Où le trou traverse la crosse du pistolet, démarrez la mortaise à laquelle appartient la gâchette. Elle doit avoir 3/8" de profondeur et s'adapter facilement à la gâchette. Mettez la gâchette en place et percez un petit trou directement à travers la crosse du pistolet et la gâchette. Réfléchissez soigneusement à l'endroit où percer ce trou afin qu'il ne s'approche pas trop du bord de la gâchette. Insérez une attache parisienne bien ajustée et voyez si la tige de déclenchement se déplacera de haut en bas d'environ 1/4". Ne faites pas la mortaise si longue que la tige de déclenchement glissera par la gâchette.

Fabriquez maintenant le ressort en bois dur. Coupez la courbe de chaque extrémité avec un ciseau, en tenant le ressort par l'extrémité dans le crochet d'établi. Les trous pour la vis et le crochet doivent être suffisamment grands pour que le ressort ne se fende pas, et pourtant le crochet doit être vissé fortement pour retenir l'élastique. Le crochet doit être suffisamment limé et incliné pour que l'œillet à vis du cavalier glisse en dessous et soit accroché.

Le cavalier est la pièce la plus difficile à réaliser car il est petit et doit être en bois dur ; de plus, le bloc doit être bien ajusté dans la longue pièce. Arrondissez le bord inférieur de la pièce longue de manière à bien glisser dans la rainure. Percez un trou de 5/16" à travers le bloc *dans le sens* du fil, fraisez les extrémités et lissez-les afin qu'elles ne puissent pas blesser l'élastique. Ensuite, disposez, sciez et ciselez une encoche de 5/16" de profondeur dans la pièce longue dans laquelle le bloc s'ajustera parfaitement. Collez-le et clouez-le par le dessous , ou insérez une vis de 1/2". Les trous devront être percés soigneusement pour les attaches parisiennes ou les vis. Percez un trou et placez l'œil de vis dans une position telle qu'il glissez-le sous l'hameçon d'un simple clic. Attention à ne pas dévisser l'oeillet dans ce bois dur. L'extrémité arrière de l'oeillet pourrait très bien être limée un peu en biais pour mieux glisser sous l'hameçon.

Passez l'élastique dans le cavalier, enclenchez le cavalier sur le crochet et tirez les extrémités de l'élastique aussi loin que cela vous semble le mieux, ne le faites pas trop fort ! Là où les extrémités de l'élastique sont tirées, percez deux trous de 1/4" dans le corps, l'un au-dessus de l'autre. Attachez solidement l'élastique entre ces trous ; pour le rendre doublement sécurisé, enroulez une ficelle entre l'élastique et le corps pour tirer le premières cordes plus rapprochées.

Maintenant, sciez les extrémités d'une bobine d'environ 1/2" et vissez-les au canon de manière à ce qu'elles maintiennent l'élastique, sans s'étirer, contre les côtés du canon. Ces bobines devraient tourner facilement. Elles ne peuvent pas être placées. exactement le contraire car les vis vont gêner.

Accrochez le cavalier au crochet, appuyez sur la gâchette et remarquez que le cavalier monte avec la tige de déclenchement. Pour le maintenir enfoncé, placez une fine vis de 3/4" de chaque côté de la rainure de manière à ce que les têtes de vis dépassent de l'extérieur de l'œil de vis ; ou des attaches parisiennes de 1" peuvent être pliées sur la vis. œil. Lorsque tout est en bon état, enfoncez une attache parisienne de 1" de chaque côté du ressort pour maintenir le crochet toujours en place.

PISTOLET À RATTLE-BANG— .

Pour les garçons qui veulent jouer au soldat, voici un pistolet qui fera beaucoup de bruit mais ne fera de mal à personne.

Tout d'abord, fabriquez un hochet en érable. La fente peut être réalisée avec la scie à refendre. L'extrémité solide doit être bien carrée pour s'adapter à l'extrémité avant de la poche découpée dans la crosse de l'arme. Ici, il doit être fermement maintenu en place par de la colle et deux vis. Une vis est placée en biais par rapport au haut de la crosse du pistolet ; l'autre est mis directement par le bas. Pour que le hochet sonne le plus fort, il ne faut qu'il touche ailleurs que cette extrémité solide. Lors de la mise en place du heurtoir et de la gâchette, veillez à ce qu'ils ne touchent pas non plus le hochet. La crosse du pistolet est faite comme celle du pistolet élastique (planche 28) sauf qu'elle doit avoir 2-3/8" de large dans la partie qui retient le hochet. La poche est à 3-1/2" de l'extrémité avant et 1-1/2" de profondeur là où s'insère la partie solide du hochet. Pour bien insérer la vis inclinée, un endroit doit être découpé avec un petit ciseau pour sa tête, à 3/8" de profondeur et à 1/2" de distance. de la poche. Serrez le hochet en position, percez un trou pour la vis, puis collez et vissez le hochet en place. Avant que la colle ne sèche, vérifiez que le hochet est droit, puis insérez la vis inférieure dedans.

Fabriquez le heurtoir en érable. La raison de l'encoche triangulaire sur son bord inférieur sera évidente lorsque la gâchette sera retournée. Plus le ressort est rigide, plus il frappera le hochet avec force, et plus la gâchette tournera fort ; 1/8" sera suffisamment épais pour l'endroit le plus fin.

La gâchette devrait également être en érable. Joignez-le avec un joint à recouvrement croisé. (Voir page 24.) Ensuite, en maintenant chaque extrémité successivement verticalement dans l'étau, tracez les lignes obliques et sciez sur 3/8" dans le sens de la longueur de manière à laisser 1/16" à plat sur chacune des deux surfaces adjacentes. Après avoir scié en bout, sciez les petits coins en travers. La gâchette doit résister à une traction considérable, elle doit donc s'adapter parfaitement, mais facilement, à une vis de 1" en son centre. Avant de visser le heurtoir ou la gâchette en place, posez les deux sur la crosse du pistolet afin qu'ils s'enclenchent correctement ; puis marquez l'emplacement des vis, percez des trous et vissez-les. Si le heurtoir touche le hochet, retirez-le et rabotez un ou deux éclats inclinés à l'endroit où il est vissé à la crosse de l'arme. Une fine rondelle de cuir 5/8 " de diamètre empêchera la gâchette de toucher. Un peu de savon facilitera le fonctionnement de la gâchette.

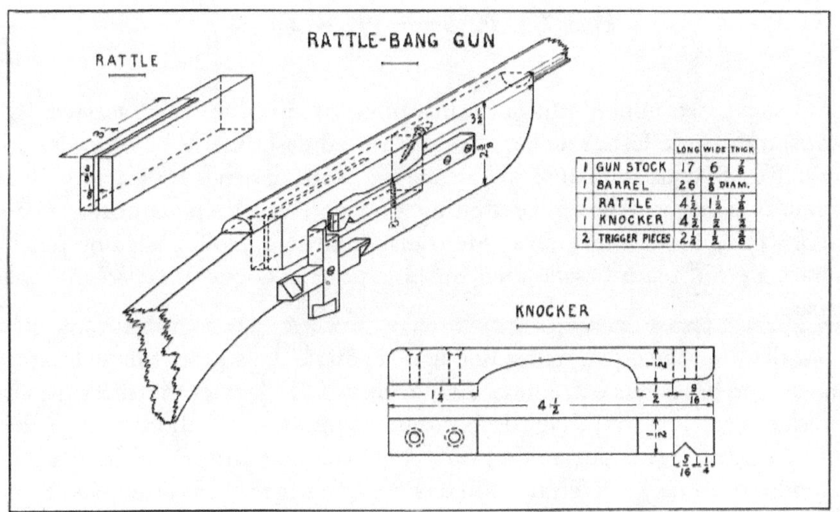

PISTOLET À RATTLE-BANG — PLANCHE 29

Le canon pourrait très bien être constitué d'un manche à balai. Pour l'adapter au dessus de la crosse de l'arme, sciez-le au milieu et coupez la moitié inférieure. Avant de le fixer, assurez-vous qu'il ne touchera pas la partie sonore du hochet.

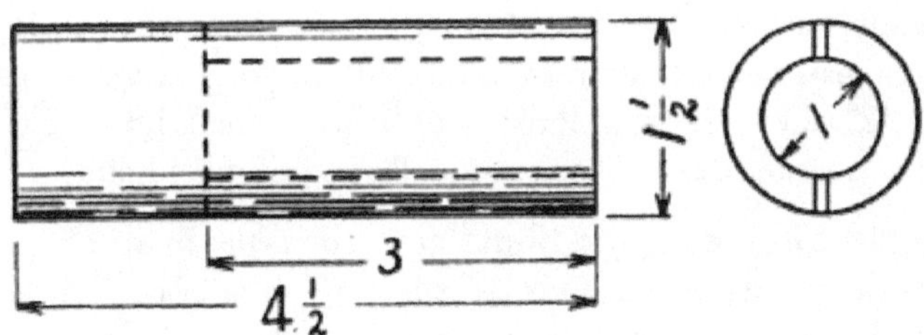

Figure 8

Un hochet encore plus fort et plus difficile à produire est représenté sur la figure 8 . La plupart des garçons trouveraient impossible de percer un trou de 1" dans le sens de l'extrémité de l'érable. Le heurtoir et la gâchette devraient tous deux être retirés de la crosse du pistolet.

Ce bateau est conçu plutôt lourd pour assurer un bon service. Il a suffisamment de lest et de largeur pour se redresser même si les voiles sont mouillées. Si vous souhaitez un bateau plus beau , dessinez le pont plus élancé ; creuser la coque avec un foret et une gouge ; Parez les plats-bords avec les rayons pour lui donner un peu de transparence ; et clouez sur une planche mince. Le pin tendre est le meilleur bois pour la coque et l'épicéa pour les espars.

Pour disposer la coque, tracez une ligne centrale dans le sens de la longueur en haut, en bas et aux extrémités du bloc de bois. Effectuer toutes les mesures indiquées sur le pont ; (haut de la coque, planche 30) d'abord en longueur, puis en travers. A l'équerre du pont, la courbe doit être travaillée à la scie à refendre et au rasage. L'étrave doit ensuite être dégagée à la scie (déchirage et coupe transversale) afin de laisser place au gouvernail. En bas, laissez un espace plat de 7-1/4" × 1/2" pour que la quille puisse s'adapter ; puis arrondissez la coque comme le suggèrent les dessins en coupe AB et CD.

Fabriquez la quille et clouez-la solidement en place. Depuis le dessous du bateau et avec la même inclinaison que la quille et la contre-dépouille, percez un trou de 5/8" pour la tige du gouvernail.

Fabriquez le gouvernail et la barre en bois de 1/4". La petite mortaise de la barre peut être coupée avec un petit ciseau après avoir percé un trou de 3/16" en son centre. Pour la roue, faites un goujon d'environ 2" de long et percez à une extrémité un trou d'environ 1" de profondeur pour une vis de 1-1/4". Sciez un morceau de cette extrémité de 5/8" de long et vissez-le au pont à environ 1-1/2" devant le trou percé pour le gouvernail. La roue doit tourner assez fort pour rester dans n'importe quelle position souhaitée.

Pour réaliser les longerons (mât, bôme, etc.), suivez les instructions de la page 16 . Utilisez de grands œillets à vis dans la gaffe et la bôme (ou voir planche 16 , "méthode de balancement des bômes vers le mât") et un très petit au sommet du mât. Pour clouer solidement le bout-dehors, placez-le à 1" en arrière de la proue, enfoncez-y un clou de 1" près de la proue, et un de chaque côté à 3/4" en arrière. Pliez ces derniers sur le bout-dehors avant de les enfoncer. Une inclinaison vers le haut est donnée au bout-dehors en rabotant sa plus grande extrémité pour qu'elle s'adapte au pont.

Le gouvernail est accroché à deux agrafes constituées d'épingles. Deux broches sans tête sont enfoncées dans le gouvernail et pliées à angle droit pour se glisser dans ces agrafes. Pour que l'étrave du gouvernail puisse tourner suffisamment, il faut que le gouvernail soit accroché près de la coque. Chaque "corde" du gréement doit avoir son propre oeil à vis (ou agrafe) et son propre taquet sur le pont. Le taquet (un dispositif permettant d'attacher une «corde» dans n'importe quelle position, en l'enroulant d'avant en arrière) est simplement constitué de deux fines attaches parisiennes entraînées en biais.

La grand-voile doit mesurer 9" sur le mât et 11" sur son bord extérieur. Il doit être ourlé et correctement fixé aux longerons. Sur le mât, de fins anneaux de fil ou des boucles de fil peuvent être utilisés. Le foc doit s'étendre de 9" jusqu'au hauban (la "corde" depuis l'extrémité du bout-dehors jusqu'au sommet du mât) et être soit cousu dessus, soit fait pour glisser dessus avec de petits anneaux de fil.

Le ballast peut être coupé (avec des cisailles ou une scie) du tuyau de plomb et cloué à la quille. Pour enfoncer les attaches parisiennes dans le plomb, pincez-les entre le pouce et l'index et enfoncez-les doucement.

Pour faciliter le maintien du bateau lorsqu'il est hors de l'eau, réalisez une cale sèche comme indiqué sur le dessin.

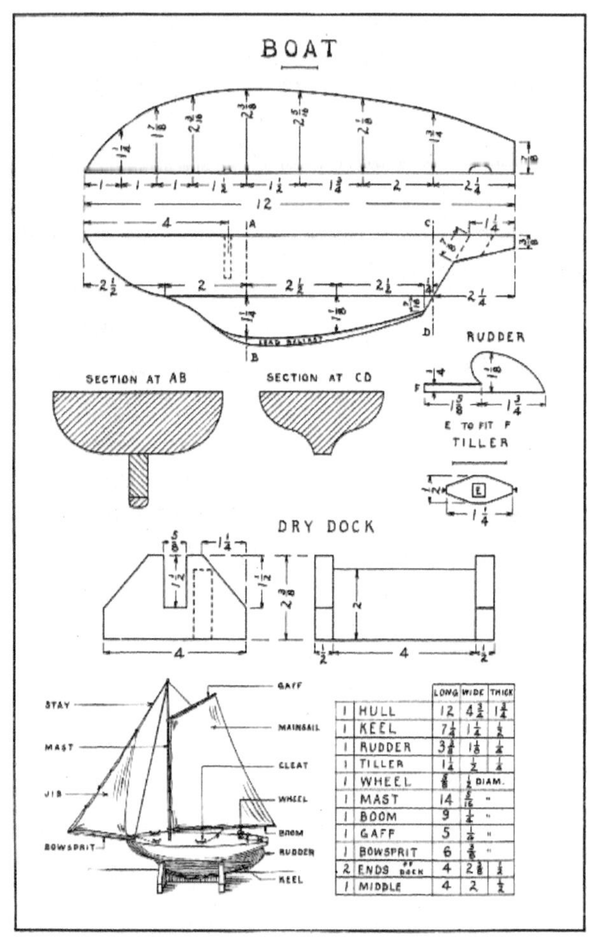

		LONG	WIDE	THICK
1	HULL	12	$4\frac{3}{4}$	$1\frac{3}{4}$
1	KEEL	$7\frac{1}{4}$	$1\frac{1}{4}$	$\frac{1}{2}$
1	RUDDER	$3\frac{3}{8}$	$1\frac{1}{8}$	$\frac{1}{4}$
1	TILLER	$1\frac{1}{4}$	$\frac{1}{2}$	$\frac{1}{4}$
1	WHEEL	$\frac{5}{8}$	$\frac{1}{2}$ DIAM.	
1	MAST	14	$\frac{5}{16}$ "	
1	BOOM	9	$\frac{1}{4}$ "	
1	GAFF	5	$\frac{1}{8}$ "	
1	BOWSPRIT	6	$\frac{3}{8}$ "	
2	ENDS OF DECK	4	$2\frac{3}{8}$	$\frac{1}{2}$
1	MIDDLE	4	2	$\frac{1}{2}$

BATEAU — PLANCHE 30

PILE-DRIVER— <u>PLANCHE 31</u>.

Dans un sol humide et mou, partout où des opérations de construction doivent être entreprises, de longues bûches droites appelées pieux doivent d'abord être enfoncées pour soutenir les fondations. Dans un sol humide, ils ne pourrissent jamais ; ceux qui ont servi à la construction de Venise il y a des siècles sont encore solides. Si des trous sont percés dans le poids de ce jouet, il devient plus efficace.

Ce n'est pas un modèle difficile si chaque pièce est bien réalisée. Il est cependant important de le clouer dans l'ordre suivant : les montants aux montants, les montants aux côtés, les côtés à la base, le haut aux montants, les renforts aux montants, puis à la base. Les extrémités des croisillons sont en onglet, c'est-à-dire sciées, comme le coin d'un cadre, sur la diagonale d'un carré. L'axe de la petite bobine est constitué de deux attaches parisiennes de 1", et il repose dans des encoches aussi près de l'extrémité des blocs supérieurs qu'il est pratique de les limer. Il est maintenu en place par de petites attaches parisiennes, ou des épingles croisées dessus, ou par une agrafe faite d'une épingle. Une manivelle pour la grande bobine (appelée tambour) est faite d'un morceau de fil rigide de 3". Il doit être suffisamment aplati pour ne pas tourner dans le tambour. Fixez la corde au tambour à travers un petit trou percé dans son bord. Si la ficelle se détache de la bobine supérieure, placez un grand œillet à vis dans la pièce supérieure et passez la ficelle à travers celle-ci.

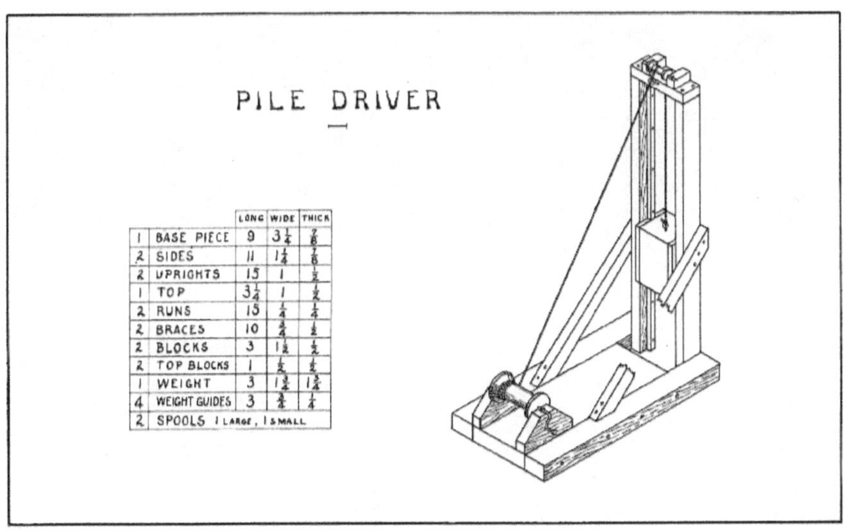

		LONG	WIDE	THICK
1	BASE PIECE	9	$3\frac{1}{4}$	$\frac{7}{8}$
2	SIDES	11	$1\frac{1}{4}$	$\frac{7}{8}$
2	UPRIGHTS	15	1	$\frac{1}{2}$
1	TOP	$3\frac{1}{4}$	1	$\frac{1}{2}$
2	RUNS	15	$\frac{1}{4}$	$\frac{1}{4}$
2	BRACES	10	$\frac{3}{4}$	$\frac{1}{2}$
2	BLOCKS	3	$1\frac{1}{2}$	$\frac{1}{2}$
2	TOP BLOCKS	1	$\frac{1}{2}$	$\frac{1}{2}$
1	WEIGHT	3	$1\frac{3}{4}$	$1\frac{3}{4}$
4	WEIGHT GUIDES	3	$\frac{3}{4}$	$\frac{1}{4}$
2	SPOOLS 1 LARGE, 1 SMALL			

- 82 -

MOULIN À VENT— .

Au sommet d'une colline, exposé à tous les vents qui soufflent, un de ces moulins à vent fabriqués par un garçon tourne depuis quatre ans. Le moulin à vent sous cette forme sert également de girouette. Le pin est le meilleur bois pour ce modèle. Pour résister aux intempéries, le modèle doit être peint.

Après avoir raboté le poteau aux dimensions, tracez les chanfreins (voir page 32) au crayon sur les quatre côtés. La courbe doit être coupée avec un couteau ; la partie supérieure peut être rabotée si la partie carrée n'est pas serrée dans l'étau. Rabotez les deux pièces des aubes le plus précisément possible afin de pouvoir réaliser un bon joint. Disposez et coupez ce joint comme indiqué à la page 24 . Une fois qu'il est bien ajusté, dessinez les courbes là où les bords doivent être réduits. Ils sont seize. Ouvrez le compas 3/4" et placez la pointe de l'aiguille toujours sur le *bord avant droit* pendant que la roue tourne. La courbe commence à 1/8" du joint et se termine à 1/8" du bord arrière (on va aussi vers le bord inférieur). À partir de ce point, tracez une ligne droite jusqu'à l'extrémité de l'aube. Tracez les lignes comme expliqué à la page 32. Démontez le joint et réduisez les bords jusqu'à ces courbes.

Sur la poutre, faites des chanfreins de 1-3/4" de long. À l'extrémité arrière, en haut et en bas, tracez une ligne centrale et deux lignes de chaque côté de la ligne centrale espacées de 1/8". Entre les deux premiers, les plus proches de la ligne centrale, faites la rainure en forme de V dans laquelle s'insère le gouvernail. Les côtés de la poutre doivent être réduits aux deux autres lignes, laissant cette extrémité 1/2" de large.

Les courbes à l'extrémité arrière du gouvernail peuvent être mieux sciées avec une scie à chantourner. À défaut, procédez comme suit : Tout d'abord, percez un trou de 1/4" près de la courte ligne droite au milieu. En posant le gouvernail sur une planche à découper, coupez cette ligne avec un ciseau. Ensuite, sciez directement à partir de l'extrémité du gouvernail à cette ligne droite ; puis sciez les coins et parez les courbes. La largeur de l'encoche à l'extrémité avant du gouvernail est égale à l'espace laissé entre les racines des encoches en V dans la poutre. Mesurez ceci espace, tracez l'encoche, sciez-la et ciselez-la ; puis rabotez les coins de manière à adapter les encoches en forme de V dans la poutre. Attention à ne pas encombrer le gouvernail, car il se fendra facilement. Une fois installé, collez-le et clouez-le dans placez-le en inclinant une attache parisienne de 1" à travers la courbe dans la poutre.

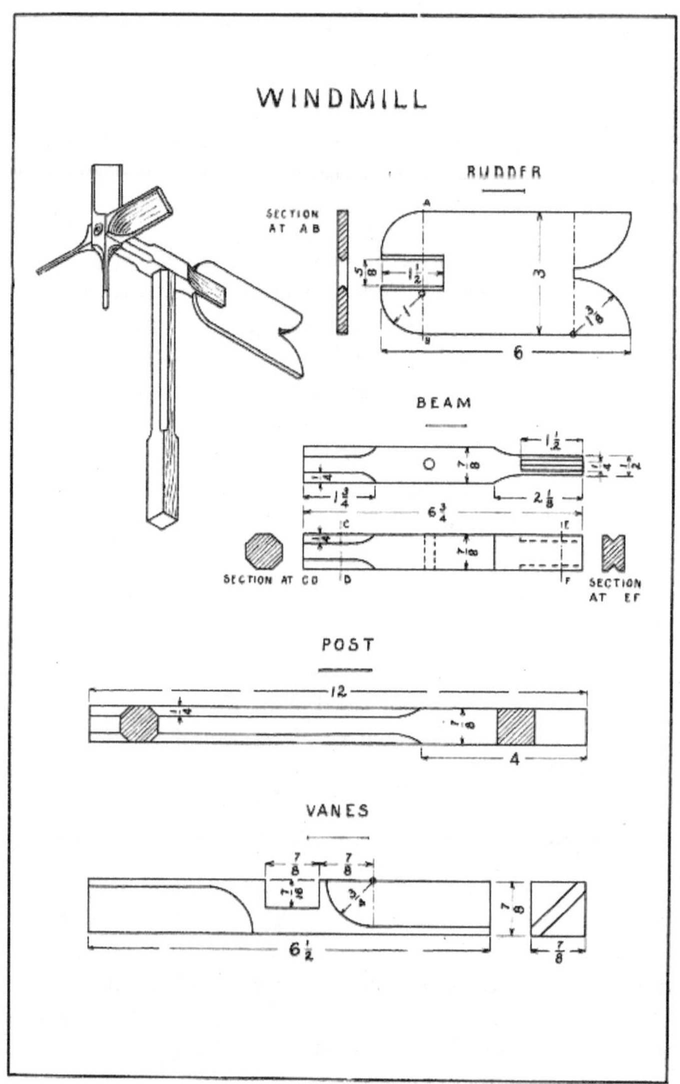

MOULIN À VENT — PLANCHE 32

Placez la roue sur la poutre avec deux rondelles et une grosse vis (une tête ronde de 2" n° 12 est une bonne solution). Pour cette vis, percez un trou de 1/4" au centre de la roue et un trou plus petit dans le faisceau. Équilibrez maintenant le moulin à vent sur le dessus du poteau, et assemblez la poutre et le poteau avec les rondelles et les vis de la même manière.

BOBINE DE KITE-STRING— PLANCHE 33 .

Un garçon qui fait voler des cerfs-volants appréciera ce moulinet pour ramener rapidement son cerf-volant et garder la corde en ordre. L'essieu est long dans le but de freiner lors de la sortie d'un cerf-volant. Le frein est simplement une corde solide, fixée à une vis dans la partie inférieure du montant supplémentaire (comme on le voit sur la planche 33) enroulée plusieurs fois autour de l'essieu, et l'autre extrémité tenue dans la main. Un trou de 1" est percé dans la base afin que le moulinet puisse être ancré au sol avec un piquet. Avec une boucle de ficelle fixée au montant sous la manivelle, la manivelle peut être empêchée de tourner, si l'on ne le souhaite pas. lâchez toute la corde du cerf-volant.

Réalisez d'abord la base, puis les montants. Dans les montants, il est plus pratique de percer les trous de 9/16" avant de raboter les côtés en biais. Une fois les pièces de roue assemblées de la manière expliquée à la page 24, tracez les lignes inclinées sur chaque bras pendant que le joint est toujours ensemble ; puis démontez-le et rabotez-le selon les lignes obliques. Maintenez fermement chaque pièce en biais dans l'étau, car une paire en particulier est susceptible de se fendre de l'encoche vers l'extérieur. Lorsque ce rabotage est terminé, collez le joint et percez un 1/2 " trou droit au centre. Si cela vous convient, réalisez les traverses en une seule pièce longue de 20", en rabotant un coin plat (voir le dessin en coupe, planche 33) à moins de 1/8" des deux coins adjacents. En prenant soin de ne pas enfoncer de clous parisiens dans le trou de 1/2", collez et clouez ces quatre pièces transversales sur une roue. Collez-les ensuite sur l'autre roue et enroulez une ficelle suffisamment serrée pour maintenir cette roue tout en l'ajustant et en la clouant. Il faudra veiller à ce que les pièces transversales soient carrées avec la première roue et la deuxième roue parallèle à la première. Une fois la ficelle enroulée pour maintenir la deuxième roue, mesurez la distance d'une roue à l'autre aux extrémités de tous les bras. Le clouage peut être effectué pendant qu'un bras des roues est maintenu dans l'étau. L'axe et la poignée doivent être collés et cloués sur la manivelle. Assemblez maintenant le moulinet, sans oublier les rondelles à l'intérieur des montants, et bloquez les roues sur le l'essieu en perçant un trou pour un clou de 2" à travers la traverse, la roue et l'essieu.

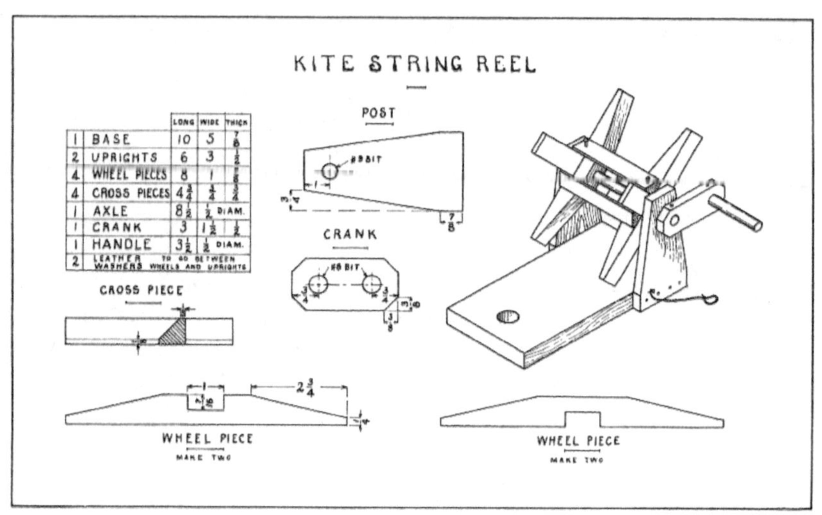

		LONG	WIDE	THICK
1	BASE	10	5	7/8
2	UPRIGHTS	6	3	1/2
4	WHEEL PIECES	8	1	5/8
4	CROSS PIECES	4 3/4	1/4	3/4
1	AXLE	8 1/2	1/2 DIAM.	
1	CRANK	3	1 1/2	1/2
1	HANDLE	3 1/2	1/2 DIAM.	
2	LEATHER WASHERS	TO GO BETWEEN WHEELS AND UPRIGHTS		

MOULINET DE CORDE DE KITE — Planche 33

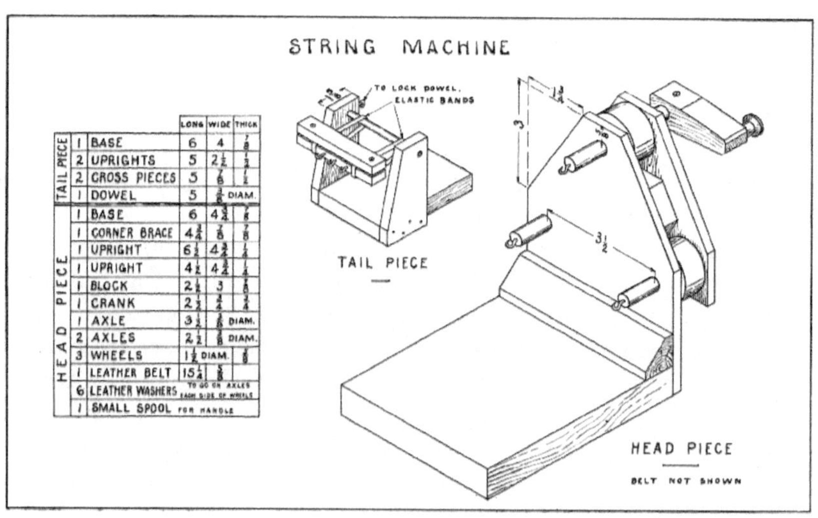

			LONG	WIDE	THICK
TAIL PIECE	1	BASE	6	4	7/8
	2	UPRIGHTS	5	2 1/2	1/2
	2	CROSS PIECES	5	7/8	1/2
	1	DOWEL	5	3/8 DIAM.	
HEAD PIECE	1	BASE	6	4 3/4	7/8
	1	CORNER BRACE	4 3/4	7/8	7/8
	1	UPRIGHT	6 1/2	4 3/4	1/4
	1	UPRIGHT	4 1/2	4 1/4	1/4
	1	BLOCK	2 1/2	3	5/8
	1	CRANK	2 1/2	3/4	1/4
	1	AXLE	3 1/2	3/8 DIAM.	
	2	AXLES	2 1/2	3/8 DIAM.	
	3	WHEELS	1 1/2 DIAM.		5/8
	1	LEATHER BELT	15 1/4	5/8	
	6	LEATHER WASHERS	TO GO ON AXLES EACH SIDE OF WHEELS		
	1	SMALL SPOOL FOR HANDLE			

MACHINE À CORDES — Planche 34

MACHINE À CORDES— PLANCHE 34 .

Sur une machine comme celle-ci, on peut tordre des cordes d'arc, des cordes supérieures , des lignes à poisson, des cordons de soie pour des travaux de fantaisie et tout cordon similaire. Bien que conçu pour être maintenu au sol ou sur une table avec des fers plats, les pinces, bien sûr, le maintiendront mieux.

Fabriquez d'abord le morceau de queue. Dans les traverses de la queue se trouvent deux vis à 7/8" des extrémités; veillez à percer les trous suffisamment grands pour que les vis ne les fendent pas . Les bords de la traverse inférieure doivent être suffisamment poncés pour ne pas couper le bandes élastiques.

Pour que la courroie passe au centre des roues de la tête, il est important que les trois axes soient parallèles. Pour ce faire, les deux montants doivent être serrés ensemble tout en perçant les trous de 3/8" pour les axes. De peur que l'éperon du foret ne fende les montants, percez d'abord de petits trous à chaque centre. Ne clouez pas le montant le plus long au base jusqu'à ce que la courroie tourne bien dans les deux sens. Sur un tour, les roues et les axes pourraient facilement être constitués d'une seule pièce ; à défaut de tour, il faut utiliser une grosse bobine ou une tringle à rideau. Boucher le trou de la bobine avec une cheville, puis trouvez très précisément son centre et percez un trou de 3/8" à travers. Sciez-le en trois morceaux de 5/8" pour les roues. Collez-les sur les essieux de manière à ce que 1" s'étende à travers le montant le plus haut. Une courroie passe mieux sur une roue « couronnée », c'est-à-dire légèrement plus grande au milieu ; les bords de ces roues doivent donc être coupés de 1/32", créant une courbe douce. Mettez les rondelles de chaque côté des roues, puis mettez les roues en place dans le montant le plus haut et clouez-le au bloc triangulaire. Tirez un 5. Ceinture en cuir de 8 cm autour des trois roues et cousez les extrémités pour qu'elles s'assemblent. Fixez le montant le plus court en position et tournez l'essieu supérieur pour voir si la courroie fonctionne bien dans les deux sens. Cela fonctionnera correctement lorsque les trois essieux seront parallèles, alors continuez à frapper le montant le plus court d'un côté à l'autre ou de haut en bas jusqu'à ce que la courroie fonctionne correctement ; puis percez des trous pour trois vis pour le maintenir au bloc triangulaire. Fabriquez la manivelle et verrouillez-la sur l'axe supérieur avec une vis 1/2".

Pour tordre une corde, placez les deux parties de la machine un peu plus loin que la longueur finale souhaitée, mettez autant de fils , des crochets sur la queue aux crochets correspondants sur la tête, pour donner à la corde finie la taille souhaitée. . Observez comment ces fils séparés ont été tordus et démarrez la machine dans le sens *inverse* . Tordez jusqu'à ce que les trois brins se plient facilement lorsque la tête est rapprochée de la queue. Plus la corde est serrée, plus la corde sera dure. (Le savon frotté à l'intérieur de la ceinture peut augmenter la puissance de la ceinture). Lorsque ces trois brins sont suffisamment tordus, retirez les deux inférieurs de leurs *crochets sur la têtière* jusqu'au crochet supérieur. Tournez dans la direction *opposée* jusqu'à ce que la ficelle se plie à nouveau et elle est faite. Si les trois brins sont cirés, une corde plus solide sera fabriquée.

POMPE-FORCE DE MOULIN À ÉOLIEN—

<u>PLANCHE 35</u> .

Si cette pompe est correctement connectée à une chambre à air, comme expliqué plus loin, elle enverra un petit jet d'eau d'environ dix pieds. En cas de coup de vent, le moulin à vent est en fait suffisamment puissant pour forcer les valves des tubes de verre. Comme tout modèle de mécanisme considérable, il faudra de la patience pour le remettre en état de marche. Le message est un abréviation de stabilité. Si elle peut être maintenue fermement en place, une tour à chevalets comme un véritable moulin à vent pourrait être construite avec du stock de 1/2" × 1/2" pour les poteaux d'angle et de 1/2" × 1/8" pour les supports.

Le poteau est incliné sur deux côtés pour s'adapter aux journaux en haut. Il est fixé à la base avec deux vis de 2". Faites un carré de 2-1/8" au centre de la roue et percez un trou de 1/4" à travers son centre. Si la rotation ne s'effectue pas correctement, faites un autre bloc et réessayez. Rendez le bloc octogonal en coupant chaque coin de 5/8". Sur chacune des huit faces, sciez des encoches de 1/8" de large et 5/16" de profondeur dans lesquelles les aubes s'inséreront. (Voir <u>page 64</u> sur les encoches de coupe.) Fabriquez et collez les aubes en place et laissez sécher la roue à plat.

Procurez-vous trois morceaux de verre de jauge d'eau de 2" de long et de 7/16" à 1/2" de diamètre intérieur. Les tubes de verre peuvent être brisés en limant une légère encoche, en saisissant fermement le tube de chaque côté de l'encoche, puis en tirant et en pliant. " Le tube est éloigné de l'encoche. Si la lime commence à se casser un peu, cela sera relativement facile, si ce n'est pas le cas, limez encore. Dans deux tubes, de petites valves doivent être cimentées. Celles-ci peuvent être faites d'un morceau de cuir ferme. Il est préférable d'utiliser une semelle en cuir pas trop dure. Avec un couteau ou un ciseau, coupez deux morceaux sur la planche à découper pour qu'ils rentrent dans les tubes. Le ciment les rendra étanches plus tard. Enfoncez la pointe pointue d'un canif dans le côté lisse du disque de cuir et faites une coupe circulaire, comme on enlèverait une tache sur une pomme, mais ne coupez pas complètement le rabat, car il doit rester articulé sur le disque. Tournez ce rabat tout droit pour qu'il soit bien droit. capable de percer un trou de 1/4" à travers le disque. Celui-ci peut être poinçonné, percé ou découpé avec un ciseau de 1/8" et fini avec un canif. Bien entendu, les bords du rabat doivent couvrir complètement ce trou. La valve du tube le plus bas doit être cimentée à environ 1/ 2" de l'extrémité inférieure avec le rabat vers le haut, celui dans le tube horizontal à environ 3/4" de l'extrémité extérieure avec le rabat sorti.

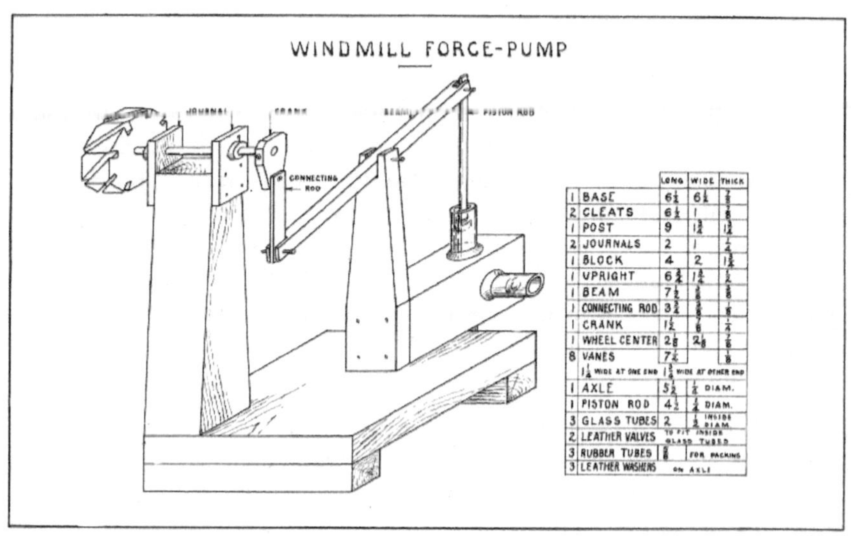

		LONG	WIDE	THICK
1	BASE	6½	6½	⅞
2	CLEATS	6½	1	⅜
1	POST	9	1¾	1¼
2	JOURNALS	2	1	½
1	BLOCK	4	2	1¼
1	UPRIGHT	6¾	1¾	⅝
1	BEAM	7½	⅝	⅜
1	CONNECTING ROD	3½	⅜	⅛
1	CRANK	1½	⅛	¾
1	WHEEL CENTER	2⅛	2⅛	⅞
8	VANES	7½		⅛
	1¼ WIDE AT ONE END	1¾ WIDE AT OTHER END		
1	AXLE	5½	¼ DIAM.	
1	PISTON ROD	4½	¼ DIAM.	
3	GLASS TUBES	2	½ INSIDE DIAM.	
2	LEATHER VALVES	TO FIT INSIDE GLASS TUBES		
3	RUBBER TUBES	⅝	FOR PACKING	
3	LEATHER WASHERS	ON AXLE		

POMPE À FORCE D'ÉOLIENNE — Planche 35

Pour rendre la cire à cacheter suffisamment collante pour cimenter ces valves dans les tubes, faites fondre une cuillère à café de cire avec une demi-cuillère à café de térébenthine dans une grande cuillère et laissez-la refroidir. Cassez-le en morceaux suffisamment petits pour aller dans les tubes. Mettez la valve dans le tube un peu à l'écart de sa position finale ; mettez un peu du mélange de cire; chauffez le tube dans une flamme d'alcool, en faisant rouler le tube jusqu'à ce que la cire commence à fondre ; retirer du feu; et lorsque la cire est entièrement fondue, poussez la valve jusqu'à sa position finale avec un crayon. Pendant le refroidissement, veillez à ce que la cire ne coule pas dans la valve. Les trois tubes doivent avoir un morceau de tube en caoutchouc à l'extérieur pour servir d'emballage dans le bloc de bois. Avec un foret expansif, des trous peuvent être percés dans le bloc afin que le tube en caoutchouc soit bien ajusté. A défaut, percez un trou plus petit et agrandissez-le avec une lime ronde. Le centre du trou vertical est légèrement à gauche (comme vu sur <u>la planche 35</u>) du centre du bloc pour permettre au tube horizontal plus de support. Cela nécessitera que l'encoche dans le montant soit également à gauche du centre. Une fois les trous percés, les pores du bois doivent être remplis de paraffine. Dans un petit plat, faites fondre un peu de paraffine et mettez-la dans les trous avec un chiffon attaché à un bâton. Lorsque les trous sont bien recouverts, enfoncez la cire dans le bois avec une flamme d'alcool ou de bougie maintenue dans le trou jusqu'à ce que le bois soit assez chaud. L'extérieur du bloc pourrait fort bien être traité de la même manière. Il sera préférable de cimenter ces tubes à leur place. Faites fondre une cuillère à soupe de cire à cacheter avec autant de térébenthine. Avec cela, pas trop chaud, formez un bon filet sur le tube en caoutchouc 1/4", peut-être sur les tubes en verre.

Fabriquez un piston bien ajusté pour le tube supérieur ; il ne doit pas glisser trop fort (huiler) et pourtant il doit être étanche à l'air. Pour que le piston lime deux rainures espacées de 1/2" autour et près de l'extrémité de la tige du piston. Enroulez une bosse de fil entre ces rainures jusqu'à ce qu'elle remplisse presque le tube, puis enroulez doucement un morceau de tissu doux (sous-vêtements tricotés) dessus. la butte, en l'attachant dans chaque rainure avec du fil.

Verrouillez la manivelle sur l'essieu avec une vis 1/2". Ajustez l'essieu et maintenez-le en position avec deux rondelles en cuir verrouillées sur l'essieu juste à l'extérieur des tourillons. Fixez le bloc à la base, ajustez-le en ligne avec la manivelle, et fixez-le avec deux vis de 1-1/2" à travers la base. La dernière connexion à réaliser se situe entre la manivelle et la bielle. Pour ce faire, soulevez le piston à sa position la plus haute et tournez la manivelle à sa position la plus basse ; choisir le meilleur point pour la vis, en marquant le point sur la manivelle et la bielle ; maintenant, abaissez le piston et relevez la manivelle ; si les deux points ne se rejoignent pas, la vis doit être placée à mi-chemin entre eux. Cette vis doit être bien serrée dans la manivelle. La roue peut maintenant être collée à l'essieu ou verrouillée avec une attache parisienne inclinée depuis l'avant du centre de la roue.

Avant de fonctionner, les vannes doivent être assouplies avec de l'eau, et pour démarrer la pompe, il faudra peut-être mettre de l'eau de chaque côté des vannes. L'eau peut être pompée à n'importe quelle hauteur en fixant un tuyau au tube horizontal. Pour obtenir un jet régulier, comme un camion de pompier, connectez le tube horizontal à une bouteille hermétique. Le tuyau qui entre dans cette bouteille doit arriver juste en dessous du bouchon. Le tuyau de sortie doit presque atteindre le fond de la bouteille et doit avoir une buse plus petite que toute autre ouverture de l'ensemble de l'appareil. La bouteille doit être partiellement remplie d'eau. Un tube de verre d'un quart de pouce peut être fondu et façonné dans une flamme d'alcool et, si un tube en caoutchouc est utilisé comme connexion, la buse peut être utilisée n'importe où.

www.ingramcontent.com/pod-product-compliance
Lightning Source LLC
LaVergne TN
LVHW091615170726
843492LV00007B/2415